MR. PUTIN
OPERATIVE IN THE KREMLIN

普京传
不可替代的俄罗斯硬汉

[美] 菲欧娜·希尔　克利福德·加迪 著　余莉 译
FIONA HILL　CLIFFORD G. GADDY

红旗出版社

红旗出版社
RED FLAG PRESS
推动进步的力量

图书在版编目（CIP）数据

普京传：不可替代的俄罗斯硬汉 /（美）希尔，（美）加迪著；余莉译．
— 北京：红旗出版社，2015.8
书名原文：Mr. Putin: Operative In The Kremlin
ISBN 978-7-5051-3506-2

Ⅰ．①普… Ⅱ．①希… ②加… ③余… Ⅲ．①普京—传记
Ⅳ．① K835.127=6
中国版本图书馆 CIP 数据核字（2015）第 136739 号
北京市版权局著作权合同登记号：图字 01-2015-0825

书　　名　普京传：不可替代的俄罗斯硬汉
著　　者　菲欧娜·希尔　　克利福德·加迪
译　　者　余　莉
出 品 人　高海浩　　　　责任编辑　赵智熙　周艳玲
总 监 制　徐永新　　　　封面设计　王　鑫
出版发行　红旗出版社　　地　　址　北京市沙滩北街 2 号
邮政编码　100727　　　　编 辑 部　010-64071348
E-mail　hongqi1608@126.com
发 行 部　010-64024637
印　　刷　北京联兴盛业印刷股份有限公司
开　　本　787 毫米 ×1092 毫米 1/16
字　　数　220 千字　　　印张　16
版　　次　2015 年 9 月北京第 1 版　2016 年 3 月北京第 2 次印刷
ISBN 978-7-5051-3506-2　　　定价　59.00 元

欢迎品牌畅销图书项目合作 联系电话：010-84026619
凡购本书，如有缺页、倒页、脱页，本社发行部负责调换

目　　录
Contents

第三章 铁腕统治下的“普式”强权

第四章 普京经济学

第五章 给我 20 年，还你一个奇迹

第六章 新俄罗斯的缔造者

第七章 权力中心的纵横捭阖

第八章 普京就是俄罗斯

前　言
Preface

十多年来——相当于二届美国总统的任期——弗拉基米尔·普京都掌管着这个全球国土面积最大、自然资源丰富的世界第二大核武器国家。然而，对于普京的真实身份各方仍然争论不休。菲欧娜·希尔（Fiona Hill）和克利福德·加迪（Cifford Gaddy）[I] 在这个问题的研究上颇有建树，正如本书所说，尽管从成长经历和早期事业生涯来看，普京是典型的苏联人，然而，他却不再是“普京同志”，而成为了“普京先生”。普京与过去二十年间在俄罗斯迅速崛起的资本家们达成了协议——他们支持他夺取政治权利，而他则帮助他们积累财富。于是在“俄罗斯集团”和它的“裙带资本家”之间建成了菲欧娜和克利福德笔下的“非法防护罩”。不止如此，普京还鼓励政府官员，尤其是那些权力部门（其中就包括普京之前所属的情报部门）敛集私人财产。苏联也存在高层腐败的现象，但是与所有企业一样，它是由国家垄断的，然而今天，俄罗斯内部却出现了一种不正当的公私合营关系。

普京出生时的那个国家和现在他领导下的这个国家信仰体系已经全然不同。那时的苏联对“民族资本主义者”嗤之以鼻，将宗教视为“人民的鸦片”，同时将自己的追随者们称为全球运动的先锋队。然而，普京却并不是任何一种体系的信徒——他赞颂祖国俄罗斯，信奉东正教，并且将国家的未来

I 译者注：美国最权威研究机构之——布鲁金斯学会的两名专家

寄望在前苏联的基础上。

菲欧娜和克利福德证实，普京奉行“俄罗斯例外主义”——这一点符合他的政治抱负和议题。这是一种很原始的意识形态，可以追溯到19世纪，当时的亲斯拉夫派对神秘的俄罗斯人精神和俄罗斯在欧亚大陆的宿命论坚信不疑，俄罗斯例外主义就来源于这种信念。普京在一次备受误解的著名发言中痛惜道，“（20）世纪最大的地缘政治[I]灾难”并不是苏联解体，而是苏俄国家在20世纪90年代初走向衰弱。这种观点，连同他的其他一些观点在内，都受到了众多民族主义历史学家和电影制作人尼基塔·米哈尔科夫（Nikita Mikhalkov）的影响。尼基塔·米哈尔科夫在奥斯卡获奖电影《烈日灼身》（Burnt by the Sun）中对斯大林主义进行了有力的控诉，因而闻名西方。

因此，从某种意义上说，普京寻求“俄罗斯意识”的做法表明普京与沙皇之间存在某种共同点——他们都认为俄罗斯迫切需要一位最高领导人。克里姆林宫并不缺少诸如分权、控制和制衡这样的观点。斯大林被尊称为大帝（vozbd'，意思与Der führer和Il Duce相近[II]），即便是鲍里斯·叶利钦——这位与普京相比各方面都更希望改革的人——也习惯用沙皇（tsarstvovat'）来称呼自己。

如菲欧娜和克利福德所说，“普京”非常小心地避免使用这些言语。原因有几点，首先，他曾经当过步兵，做过克格勃的中级官员，这些经历使他习惯于安静地躲藏在伪装之下。其次，如果你曾是一名情报人员，如今成了国家的“第一人”（这是普京在他的准自传中采用的头衔），你就

I 译者注：地缘政治是政治地理学中的一种理论。它根据各种地理要素和政治格局，分析和预测世界或者地区范围的战略形势和有关国家的政治行为。

II 译者注：Der führer和Duce都是元首、首领的意思，Der führer为德国元首希特勒的自称，Duce则为意大利法西斯统治时期对墨索里尼的称呼。

没有必要每天说大话——因为权力已然在你的手上。因此，尽管在普京眼里谁也无法和他平起平坐，他仍旧要求同僚们称呼自己“弗拉基米尔·弗拉基米尔洛维奇”，或者更为正式一些的“普京先生”。

即便是位居德米特里·梅德韦杰夫（Dmitry Medvedev）“之下”，担任总理的四年间，他也无可争议地位于“垂直权力体系”的顶端。普京连同“主权民主”一起，将那些话转化成了决心。总体来说，他成功地操控着软弱的议会，威吓或者拉拢政治对手，恐吓甚至监禁敌人，而且还掌控着大多数媒体的舆论导向。

然而，普京对他所建立起的这个系统的掌控权既不是绝对的、也无法确保永不失去。菲欧娜和克利福德进行了细致研究，并提供了有说服力的证据，来指出他的弱点——渐渐无法满足俄罗斯人民的需求。

这很大程度上是结构的问题——垂直权力体系中出现了一种反常的零增长动态（即此消彼长）。当权力过度集中在顶峰，那么最基层也就会被削弱，而人民恰恰需要倚仗基层政府的有效统治。

最令人印象深刻的就是2004年9月发生的惨剧。当时车臣的恐怖分子在北高加索地区挟持了一千多人，其中大多数是学生。事发之后，在场的当地官员和SWAT团队墨守成规，坚持等待总统指示。结果导致三百多名人质死亡，其中包括近两百名学生。这就是“别斯兰人质事件”。

除此之外，身为领导人，恃权而骄的普京也带有些许自我强迫的成分。他要求俄罗斯的每一个公职人员对他负责。然而，当轮到他对国民负责时，他有时候也会发表一些反应迟钝、闪烁其词的言论。其中一次便发生在2000年8月，他没能解救那些被困在“库尔斯克”号里的船员们。

当时有很多人指责普京过于冷漠，对国家缺乏关心。十几年之后，公众对普京的评判又走向了另一个极端——他们指责普京想当然地认为自己能够获得公众支持，并且过于将权力集中在个人手中。2011年9月24日，他发布了一项声明，表示自己即将从梅德韦杰夫手中重新接过总统的权杖，就像这样的事情完全可以凭他一己之力决定。正如菲欧娜和克利福德所述，“普京的个人政治名声正在走下坡路”。于是接下来的几个月内，反对者们渐渐冒出来，他们打着“没有普京的俄罗斯”的旗号，进行大规模游行，并在2012年产生了巨大反响。

我会用两种个人观点来评价这本精彩的著作。

首先，菲欧娜和克利福德证明了普京在很多方面都独树一帜，他们详细分析了这位俄罗斯领导人的言论和政策，使我们能够深入了解“普京主义”。

近期，一些评论家开始将“普京主义”的标签贴在前苏联边境西边的某位领导人身上——匈牙利总理维克托·欧尔班（Victor Orban）。欧尔班曾是一位合法选举的改革者，如今正在走向极权主义。现在，北约和欧盟的成员国有所更新，在这样的背景下，那些跨大西洋民主共同体国家面临着严峻的考验，我敢这样说，普京主义的幽灵已经缠上了欧洲——也正是这样的趋势，使得菲欧娜和克利福德所写的这本书更具时效性，也更有价值。

我的第二点个人评价是，菲欧娜和克利福德的书，启发深刻、见解独到、分析与论证充分。20世纪90年代我在国务院工作了8年，专门负责处理美国与俄罗斯的关系。以我的经验来看，这本书当得起这样的评价。还在国务院的时候我就认为，未来历史学家们对叶利钦的评价一定会比那个时期的前辈们要仁慈，即使在俄罗斯也一定如此。时至今日，我仍然坚持这一观点。无论是个人性格还是政策战略方面，叶利钦都有其失败、极端以及有缺陷的地方。因为酗酒和心脏病，叶利钦政权变得更加动荡，俄罗斯的前途也更加灰暗。但是我仍然相信，总有一天叶利钦会获得应有的褒奖。毕竟是他选择放弃了共产主义，他承诺开放社会和媒体，与西方世界建立了合作伙伴关系，并且促进了苏联的和平解体。世界都应该铭记，这个世界上最大的国家拥有成千上万的核武器，她本可以选择走南斯拉夫的老路。

不得不说，俄罗斯本土发展起来的普京主义也是叶利钦的遗产之一。这不仅仅是因为叶利钦将普京任命为自己的接班人，还因为——正如菲欧娜和克利福德所说的那样——普京主义是应对叶利钦统治时期国家贫困现状的对策，同时也是应对苏联解体的方式。

我曾经与普京打过交道，每次见到他时，他都身处不同的职位——俄罗斯联邦安全局局长、国家总理、代总统，国家总统。这些职业经历让他最终从幕后走上了俄罗斯政权的最高峰。菲欧娜与克利福德对普京的描述真实而准确，普京的确将情报间谍技术以及招募间谍的技能应用在了自己的治国方式之中。举个例子来说，我记得第一次与普京会面的时候，他就明确地告诉我，他已经研究过我的档案，并且递给我一位 20 世纪的诗人的资料——我的研究生论文论述的正是这位诗人。在我看来，这绝不是赞美而是一种警告，就像在说："你的一切，我们都了如指掌。"

2000 年 6 月的时候，比尔·克林顿以总统身份最后一次访问俄罗斯，与普京进行唯一的一次双边峰会。这位克里姆林宫的新任领导人冷峻、自负，对只剩下一个月总统任期的克林顿表现出自视甚高的姿态。克林顿希望两国在外交以及国家安全问题上能有进一步合作，但是普京礼貌而坚决地拒绝了这一提议。这次会议普京就是想证明，比起上一任俄罗斯总统，他更强硬、精力更旺盛，也更加自信，并且在他的统治之下，俄罗斯也会更加强大、繁荣。

普京同样也拒绝了克林顿为俄罗斯国内发展提供帮助的提议。在去机场的路上，克林顿突然决定去拜访鲍里斯·叶利钦。当时叶利钦正住在莫斯科郊外的一幢别墅中。"鲍里斯，"克林顿对他说道，"民主是你与生俱来的一种信仰。你从骨子里获得了俄罗斯民众的信任。你是真正的民主主义者，也是一位真正的改革家。但我不确定普京身上有这些东西，也许他是有的，只是我没有看到。你还是多多关注一下普京吧，不要让他误入歧途。不管他是否意识到这一点，普京都很需要你，真的特别需要你，俄罗斯也同样需要你。你改变了这个国家，鲍里斯。不是每一位领导人都会对国家产生这样的影响，但是你做到了，你是俄罗斯的幸运，也是世界的幸运。我很荣幸与你相交。我们曾经一起做过很多事情，一起度过了一段艰难的时期，但我们都没有放弃。我们所做的正确的事情一定会长存于世，这大部分都是你的功劳。因为有些事情对你来说更难做抉择。我是知道的。”

“谢谢你，比尔。”鲍里斯回答道，“我明白。我明白你所说的一切，我会慎重考虑的。”

“我相信你会的，鲍里斯。”克林顿接着说，“因为我知道你这里的想法。”说着他轻轻拍了拍叶利钦的胸口。

在那之后，回想起鲍里斯这位老朋友的政绩，克林顿感慨道：“我们会想念他。”大多数的俄罗斯民众都曾经历过叶利钦时代的动荡和穷困，而现在，正有越来越多的俄罗斯人迫不及待地希望看到普京时代的未来。

布鲁金斯研究所所长 斯特罗布•塔尔博特

美国华盛顿

致　谢
Acknowledgement

在撰写本书的过程中，有很多同事和朋友给予了我们无私的帮助。在此特别对他们表示真诚的感谢。巴里·伊克斯帮助我们理解了普京是如何完成自己的使命，成为俄罗斯经济掌管者的，除此之外，他还让我们认识到了他步步高升、获得权力的机制。是改革人士将普京引荐至莫斯科，他们希望普京能够控制寡头执政者。而他也通过建立起特殊的“保护伞”制度完成了使命。而普京的“保护伞”制度对我们理解其“自由市场经济主义者”和“情报官员”的身份至关重要。

伊戈尔·丹钦科是一位研究助理，后来成为了布鲁金斯的高级分析师，他给我们提供了大量关于弗拉基米尔·普京生活、事业和在圣彼得堡时候的人脉和内幕信息。这些内幕帮助我们在头脑中形成了普京是一名幸存主义者的概念。伊戈尔同样强调了普京早先在20世纪90年代对俄罗斯能源和运输行业的介入的重要性。除了他在这些方面的贡献之外，我们还要特别感谢伊戈尔在寻找其他研究者都认为是不可能获得的资源和材料方面的卓越能力。2005年他因为收藏了普京论文的一份副本而声名远播。这份关键性的材料让我们更好地了解了普京作为一个策略制定者、一家公司CEO思考的源头。

在完成最终稿件的过程中，我们两个都从布鲁金斯研究所的同事们那里获得了协助和支持，不管身在美国、欧洲、俄罗斯还是在世界的其他地方，他们都慷慨地花费时间和精力思考本书中的核心理念，为我们分享资源并且提供修改意见。就在我们刚开始撰写计划的时候，我们非常荣幸地邀请威廉·巴特利特作为2011至2012学年访问学者加入到了布鲁金斯。威廉拥有俄罗斯历史学家以及律师的双重背景，这给我们提供了巨大的帮助。他分享了自己关于俄罗斯宪法和俄罗斯宪法法院院长瓦列里·佐尔金的研究成果。此外，他还与我们一起，从历史和当代的角度，分析了普京在法律方面的认识以及他是如何形成法制国家理念的。

本书的撰写时间为2011年10月至2012年9月，汉娜·索伯恩给我们提供了不少的帮助，是我们的分析助理。汉娜在这个重要的年份里担当了一位真正的合作者的身份，付出了英雄般的努力。为了对2011年12月俄罗斯国家杜马选举后莫斯科和其他俄罗斯城市的解密文件进行监管和查阅，她深入到了俄罗斯民众的博客、推特和视频网站中，对搜索出来的俄罗斯新闻以及国际出版社的新消息进行编译。汉娜同时还对俄罗斯的源头材料进行了刻苦的研究，在手稿的准备阶段，她的所有工作都对本书起到了举足轻重的作用。

我们还需要对那些在知识上、材料上和经济上给予我们支持的布鲁金斯研究所的同僚们表示特别的感谢。总裁斯特罗布·塔尔博特在这个计划开始初期就对此充满热情，还将其纳入到了该机构所作的“焦点书目”系列中。他对手稿进行了细致的阅读，提出了十分中肯的建议，还为我们撰写了全书开篇的前言部分。负责外国事务的副总裁马丁·因迪克和其他监管此项目财政预算的同事们，尤其是夏洛特·鲍德温以及特迪·皮科涅，确保了我们拥有充足的资金，能够进行并且完成这些研究和撰写工作。如果没有他们的帮助和支持，这本书的撰写工作是无法完成的。同样感谢的是，迈克尔·欧汉龙主持了本书内部和外部的复查过程，一直推动着撰写工作进行。我们同样从罗伯特·法赫蒂、克里斯多夫·克拉荷、珍妮特·沃克还有其他布鲁金斯研究所的同事们那里得到了不少帮助，他们一直都对我们的项目支持有加。独立编辑约翰·费尔顿给了我们绝对的支持以及中肯的建议，帮助我们提升了这本书的质量。其他布鲁金斯图书馆的同僚帮助我们找到了很多珍贵的资料。盖尔·夏勒福在本书编译过程中提出了大量扩展性的观点。

美欧关系中心（CUSE）的安德鲁·莫法特和特希亚·施米克为我们提供了道义上的支持，让我们拥有了充足的创作时间。他们与美欧关系中心还有爱丽那·安捷列斯库、汉娜·多涅斯以及卢卡斯·休克，都不辞辛劳想出了各种富有创造性的方法帮助我们应对各种障碍、挑战和困难。美欧关系中心高级幕僚史蒂芬·派费尔对审查初稿进行了阅读和指正，随后又对一些关键的章节进行了复查，参与这项工作的还有非常驻居民的帕维尔·巴耶夫、理查德·考茨拉里赫以及安吉拉·司登特。他们连同一位匿名的评论家一起，对《普京传》这本书进行了一次彻彻底底的“大检查”，提出了重要的修改意见，让这本书变得更加完美。在布鲁金斯研究所中的一些小型办公室中，我们和帕维尔·巴耶夫、玛莎·格森、奥列格·卡申、伊万·库里拉、玛丽亚·利普曼、尼古拉·彼得罗夫以及安德鲁·伍德一起，研究了2011年至2012年发生在俄罗斯的各种示威游行所带来的影响，这帮助我们得到了在最后一个总结性章节中的讨论框架。在参加了众多举办于华盛顿特区以及欧洲的布鲁金斯研究的会议、研讨会和私人会面之后，我们得到了一个独特的机会，和大量美国以及欧洲的官员，同时还有美国在俄罗斯活动频繁的国际商业人士有了一对一或是小规模的讨论。我们对所有这些人士将自己和普京会面以及谈判的第一手经验，同时还有他们自己对这些事件和我们计划的分析与看法无私分享给我们感到极为感谢。

一些关于此书更为广泛的结论已经以书面或者口头的形式出现了，其中包括在2012年1月至2月发表在《国家利益》上的一篇文章，这篇文章也出现在了布鲁金斯研究所的很多研讨会以及其他场合上。在《国家利益》发表之后，安吉拉·司登特在卡耐基公司资助的俄罗斯研究小组成员们之间组织了一次关于此书论点的大型扩散会，地点就在华盛顿特区的宇宙俱乐部。这个研究小组的成员包括哈利·鲍尔泽、马乔·曼德尔斯塔姆·鲍尔泽、萨缪尔·查拉普、琼·奇客、约翰·埃文斯、威廉·希尔、曼弗雷德·哈特莱特、特恩·古斯塔夫森、瑞查德·赫罗尔德、斯蒂德曼·欣克利、海蒂·

科龙瓦尔、韦恩·林伯格、杰弗里·曼科夫、凯瑟琳·麦基翁、克里斯多夫·米泽而、布莱尔·卢布以及约翰威·廉姆斯，其中的一位成员参加了此次活动，给出了详细的批评和建议。威廉·希尔、瑞查德·赫罗尔德以及布莱尔·卢布都阅读并且点评了我们的初稿，同时还有艾伦·巴里、阿兰·巴特金·克里斯多夫·波特、马克·加莱奥蒂、大卫·赫斯特、约翰·奈特、韦恩·梅里、罗伯特·奥托以及马克·兹洛特尼克对本书也给予了不少点评。艾伦·巴里、林恩·贝瑞以及大卫·赫斯特非常慷慨地从自己与莫斯科的关键人物进行的采访中得到的材料以及从2011年至2012年的解密事件中得到的第一手观察资料和我们进行了分享。《国家利益》的罗伯特·梅里和保罗·桑德斯在文章发表之后为我们提供了关于本书走向的建议。

当我们在对普京的研究上逐渐深入的时候，很多人都对此书所涉及的主题给出了建议，其中包括邓肯·阿兰、奥克萨纳·安东年科、亚历山大·阿帕托夫、里昂·阿伦、戴安娜·阿瑟尼安、安德斯·奥斯隆德、安娜·巴肯、彼得·贝克、卡罗·巴斯泰欣、安德烈·贝内德契奇、约翰·贝尔、伊恩·邦德、罗德里克·布雷斯维特、尼尔·巴克利、瑞查德·伯格、德斯蒙德·巴特勒、马修·卡里塞利、克里斯蒂安·卡尔，等等。这一大群同事中有些对核心思想、俄罗斯标志性的文章以及国际新闻社提出了很多重要的问题，告诉我们应该采访的对象，甚至还给我们送来了他们自己的出版物用以参考，对此我们非常感谢。

尽管我们在强迫朋友和熟人对手稿进行校对并给出相关看法方面毫不手软，但是我们从来都没有想过他们会完全修正我们错误的内容以及误译的地方。我们两人独自承担了这一切。上面所提到的人士为了帮助我们而表现出的慷慨之心是不能用几句话就概括完的，是他们启发了我们的思想，保证了这本书的准确性。

第一章

CHAPTER1

谜一样的普京：强者为王

六次当选俄罗斯年度人物，两度登顶《福布斯》杂志全球最具影响力人物排行榜，弗拉基米尔·普京总是以万众瞩目的姿态出现在世人眼前。他是冷峻强悍的铁血男人，也是俄罗斯最得人心的政治家。他行事雷厉风行，令出如山，超凡的自信与独特的个人魅力彰显出他的强者本色。这种强悍而难以抗拒的普京魅力，正是俄罗斯民族精神的精髓。

莫斯科在召唤

普京是谁？多年来有无数人希望解答，但这个问题从来就没有过完整的答案。回顾普京的早年生活，那段走向最高权力的道路似乎为我们透露了几丝线索：他是民主分子，却不相信民主；他成长于社会主义时期，却信奉市场经济；他对西方不甚了解，却极力主张西化。然而就是这样一个充满矛盾的硬汉总统，一面用冷峻的目光审视着祖国的“敌人”，一面带领着俄罗斯走上了复兴之路。

十多年来，弗拉基米尔·普京先后出任总统办公厅副主任、俄罗斯联邦安全局局长、俄罗斯总理，并最终接过叶利钦的权杖，成为了俄罗斯政坛上首屈一指的人物。资料显示，普京于1952年10月出生在列宁格勒，是家里唯一存活下来的孩子。普京的童年在列宁格勒度过，经历了一段那个年代特有的甘苦参半的生活。苏联时期的宣传对普京的思维方式产生了影响，使他成为了“苏联爱国主义教育的产物”。1975年，列宁格勒大学法学院毕业后，普京进入了苏联情报局——克格勃。

虽然无法确知普京在克格勃期间的具体任务，但这段特工经历对他来说意义重大，时至今日，他仍然对特工人员充满了敬意。1985年，普京晋升为中校，在德累斯顿负责招募线人、收集情报。在那里，这位未来的俄罗斯总统亲眼目睹了社会主义的终结，看到了东欧人如何摆脱苏联的轨道，掌握了自己的命运。1990—1991年年间，他成为情报局的“现役预备役军官”，回到列宁格勒大学担任副校长助理。阿纳托利·索布恰克（Anatoly Sobchak）是普京在校时的法学教授，也是改革时期思想最解放的理论家之一。他出任苏联共产党列宁格勒市市委书记之后，委任普京担任自己的顾问。不久后，索布恰克当选为首届民主选举的列宁格勒市（后来的圣彼得堡）市长，任职期间，普京一直追随着他。1991 年 6 月，普京出任圣彼得堡市副市长，负责管理该市的对外关系委员会。这段时期内，普京不仅接触到了全新的民主理论，还进入一个奇妙的西方金融、贸易世界。1991 年 8 月，普京正式辞去克格勃的职务。1991 年年底，苏联解体。普京“参加克格勃时信奉的一切理想和目标轰然倒塌”。

1996 年，索布恰克因败选下台，弗拉基米尔·普京来到了莫斯科，进入克里姆林宫管理总统的财产。1997 年 3 月普京升任总统办公厅副主任。1998 年 7 月他当选为俄罗斯联邦安全局（其前身是克格勃）局长。紧接着，1999 年 8 月，弗拉基米尔·普京成功晋升为俄罗斯第一副总理。不久后，他就成为了鲍里斯·叶利钦（Boris Yeltsin）的总统继承人。1999 年 11 月 31 日，叶利钦宣布辞去总统的职务，普京顺理成章地开始行使总统职责。2000 年 3 月，他正式当选为俄罗斯总统。连任两届总统之后，又继续担任总理（根据俄罗斯《宪法》，总统连任不得超过两届）。经过四年蛰伏，2012 年 3 月，他重回俄罗斯权力巅峰，再度当选为俄罗斯总统。

回顾普京的政治生涯，不难发现，从 1997 年到 1999 年，短短三年间，弗拉基米尔·普京接连升迁高位，从总统办公厅副主任一步一步迈向国家最高领导人——俄罗斯总统。普京的崛起有其客观原因。在经历了戈尔巴乔夫改革失败，苏联解体，以及叶利钦施政引发经济下滑和政局混乱之后，俄罗斯早已精疲力竭。国家渴望找到能够真正振兴民族的领导人，俄罗斯民众也渴望出现强有力的政治统治者。各界关于普京是如何被选举为鲍里斯·叶利钦继承人一事众说纷纭。其中一种说法是，叶利钦在俄罗斯政局风云变幻的时期，看到了普京身上的特质，选中了他，从而彻底改变了俄罗斯与普京的命运。

叶利钦曾经这样评价普京："他反应极其敏锐，这一点让我十分惊讶。我有时会提一些犀利的问题，很多人都难以应对，但是普京在回答这些问题时却总是游刃有余。于是我发现，与我相比还只是个年轻人的普京已经做好准备应对生活中的挑战，并且他也完全具备这样的能力。这是俄罗斯所需要的特质。"

普京刚刚来到莫斯科即将迈入权力中心的时候，正是俄罗斯内忧外患交织，国家形势严峻的时期。一方面，1991 — 1996 年年间，俄罗斯的对内和对外政策都经历了一段耻辱的倒退时期，针对政策的改革，俄罗斯的政客们争吵不休。另一方面，叶利钦虽然袭击了俄罗斯议会，但却并未迫使他们彻底屈服。纵观国内，1996 年 6 月的总统选举中，新兴的政治反动势力和寡头政治执政者地位上升；政府的经济改革运动陷入混乱，改革者们也乱了阵脚，俄罗斯的经济彻底衰退；成千上万的俄罗斯人走上街头索要工资和津贴、抗议物价上涨。除此之外，战争破坏了车臣，使它日渐远离莫斯科的势力范围；地区领导们也通过一个又一个条约，使各地从俄罗斯联邦中脱离出去；在对待巴尔干地区冲突的问题上，北约拒不承认俄罗斯的历史地位；西方国家还将俄罗斯踢出了波罗的海地区；乌克兰与周围的同盟国相互之间冲突不断，同时还与莫斯科起了冲突；俄罗斯同美国的关系也在日趋僵化。

在一些评论家们看来，20 世纪 90 年代苏联解体后，俄罗斯开始向一个具有多元化民主的市场经济国家转变。从大方向来看，这是一个积极的轨道，但普京接任总理和总统后，国家却不再继续沿着这条轨道前行。因为对普京来说，他执政之初俄罗斯的状态正值低谷期。他认为，那时的困境都是俄罗斯政客们在过去动乱的 10 年间犯下的致命错误所致。1999 年普京登上总统之位，正是为了终结这些错误。而且，他任总统期间的日常工作也能清楚地表明，他是在解决 20 世纪 90 年代遗留下来的问题。正如他常说的那样，他的目标就是纠正之前的错误，让俄罗斯重回正轨。

在苏联解体、俄罗斯进行经济改革的时候，野心勃勃的俄罗斯议会和势单力薄的总统之间形成了敌对之势。普京来到莫斯科的最初几年间，俄罗斯领导层内不断出现派系争端，政府要员频繁更迭，民众们从内心深处发觉鲍里斯·叶利钦已经无法控制局面。1993年，为了强迫顽抗的立法机构向他屈服，并归并到行政部门中，叶利钦围攻议会大厦，开创了一段持续了数年之久的由总统法令统治的时期。1994年，为了压制车臣共和国独立的苗头，叶利钦发起一场内战，结果却引发了俄罗斯北高加索地区长达20年之久的暴力对抗以及不间断的反叛行为。1996年，叶利钦班子又发起一场有预谋的选举运动，让自己团队中那些不受欢迎的领导人继续留在克里姆林宫。为了争取寡头政治集团——俄罗斯私人商业领域领头人——的支持，叶利钦团队与这些人达成了协议。这些协议却使政治寡头利用市场经济控制国家政治，还因争相购买国家遗留资产而引发内部斗争。同一时期，俄罗斯在外交政策上屡屡受挫，与巴尔干以及曾隶属于前苏联的其他地区关系紧张，国家秩序混乱，人心惶惶。

1992年，叶利钦发起了经济改革运动，希望将前苏联遗留下的经济体系转变为现代化的市场经济体系。然而“休克疗法”[I]不仅阻碍了俄罗斯的经济发展，还使数百万俄罗斯民众陷入赤贫，社会一片混乱。参与改革的经济学家盖达尔及其经济学家团队为这场运动的不良后果承担了责任，最终被逐出内阁。接着，鲍里斯·叶利钦任命前煤气工业带头人兼游说团成员维克多·切尔诺梅尔金（Viktor Chernomyrdin）为总理。尽管议会中的保守派知道切尔诺梅尔金主张缓慢改革，可是他们仍然不断向叶利钦总统施压。盖达尔不再监管经济政策，于是，议会转到其他政治问题上和叶利

I 译者注：“休克疗法”（shock therapy）原是医学上临床使用的一种治疗方法，上世纪80年代被引入经济学领域。概括地说，休克疗法是针对严重失衡的社会总供求状况，从控制社会总需求出发，采取严厉的行政和经济手段，在短时间内强制性地大幅度压缩消费需求和投资需求，使社会总供求达到人为的平衡，以此遏制恶性通货膨胀，恢复经济秩序。

钦针锋相对，强烈要求通过新的俄罗斯宪法。于是，议会和总统部门都在争相准备草案，希望修订出全新的俄罗斯宪法。

俄罗斯立法机构与行政机构之间的关系一再恶化，已经绝非政府干预可以解决的问题了。1993 年 9 月，叶利钦废除了既存的议会，并宣布 1993 年 12 月进行新一轮下议院选举。他将新的下议院命名为国家杜马，这个名称取自帝国晚期俄罗斯立法机构之名。而俄罗斯议会则要求以他们的代理主席——公开反对叶利钦的副总统亚历山大·鲁茨科伊（Alexander Rutskoi）的名字命名。鲁茨科伊还在“白宫”——俄罗斯议会大厦——成立了临时内阁。1993 年 10 月 3 日至 4 日，双方的对抗以流血事件收场。当时，议会的支持者聚集在莫斯科电视塔奥斯坦金诺前抗议，抗议者与内务部的部队发生了小规模冲突，最终数名抗议者在冲突中死亡。10 月 4 日清晨，叶利钦命俄罗斯军事坦克向白宫开火，逼迫副总统及其拥护者们投降。官方报道中称，这次事件中有 145 人丧生，800 人在冲突中受伤。

1993 年的“十月事件”是继 1917 年革命后，俄罗斯首都发生的最暴力的政治斗争。[1] 包括普京在内的许多俄罗斯政客们都对这段经历留下了极其深刻的印象。等到斗争结束，新一轮选举落幕后，叶利钦总统剥夺了新国家杜马的许多立法监督职能。他将新的议会安排在一栋旧式的苏联建筑中，这座建筑恰好处在克里姆林宫的高墙之下。叶利钦此举的意味不言自明。后来，白宫的焦痕抹去了，大厦经过修整焕然一新，这里成为俄罗斯政府的办公地点。2012 年英国《卫报》的一篇采访中，克里姆林宫的前任顾问和政治战略家格列布·帕夫诺夫斯基（Gleb Pavlovsky）称，1993 年叶利钦和议会之间的冲突对弗拉基米尔·普京产生了深远的影响。袭击白宫一事让普京意识到，一旦权利失衡，后果将不堪设想。政治斗争中失败者的下场就是被枪决。普京经常说：“我们了解自己……我们知道自己一旦出局，就会被你们消灭。”他直言不讳地指出：“到了那时，你们会把我们推向墙壁，然后向我们行刑。可是我们不想对着墙……”他对此深信不疑，而他的这种观念正是源于 1993 年那场暴力冲突。当时叶利钦炮轰

议会，杀死了许多人。普京明白，实际伤亡人数远比官方公布的要多……[2]

尽管经历了流血事件，叶利钦也成功当选了“准总统”，但是与俄罗斯国家杜马共事并不比之前的议会容易。1993 年 12 月的选举中，根据对改革的支持态度各党派分为了两个阵营。支持改革的政党中包括国家自由民主党（俄罗斯自由民主党）和俄罗斯联邦共产党（CPRF），反对改革的政党则以俄罗斯选择和俄罗斯联合民主党亚博卢（“苹果”）为代表。在众多政党中，国家自由民主党差不多赢得了四分之一（22.9%）的选票，超出俄罗斯选择百分之十五，位居第一。[3] 选举结束之后，杜马陷入一系列派系纷争和个人斗争中，自乱了阵脚。政党和集团不断重组更迭，令人眼花缭乱，一些会期也因党派之间的拳脚相争而中断。[4] 同样的场景在地区立法中也不断上演。10 年后，普京对这一时期的争端和混乱状况表达了极度不满，他甚至承认正是这些经历让他对政治时局的评价降到了冰点。[5]

激烈的辩论之后，俄罗斯于 1995 年春天通过了一项新的选举法案，议会的选举日期定在了当年 12 月，总统选举则在 1996 年 6 月举行。与 2011 年的议会选举一样，1995 年的议会选举中，克里姆林宫意外遭遇了十二月的“惊喜”——来自反对改革阵营的共产党大胜当时的执政党。该执政党派又名“俄罗斯是我们的家园”，它由维克多·切尔诺梅尔金总理组建，成员大多来自支持改革的民主党派。就像其他届俄罗斯总统选举一样，1996 年的总统选举包括两个回合。这种选举方式可以在票数相近的情况下，筛选出两名候选人。这场竞选最终演变成了叶利钦和共产党领袖根纳季·久加诺夫（Gennady Zyuganov）之间的明枪争斗。久加诺夫称，如果当选总统，他会终止叶利钦的经济改革，重新沿用经过改进的苏联式体系。而在这样的关键时刻，叶利钦因为身体原因陷入了困境。这位俄罗斯总统身体欠佳，两轮选举期间心脏病突发，因此很长时间都没有出现在公众的视野当中。这些问题致使他的内阁面临的政治困难更加复杂。在总统大选前期，叶利钦的支持率空前下降到百分之三。除非他的团队能创造政治奇迹，否则叶利钦不可能战胜久加诺夫。然而，他们资源匮乏，根本无法发动一场全国性的选举运动——克里姆林宫的金库已经空了。同时，在新兴的独家媒体面前，那些老的国家电视、报纸和电台也已黯然失色。[6]

于是，叶利钦团队转而向商业人士寻求支持。他们曾经从政府的改革运动中直接受益，还在新的财政机构体系下积累财富，并通过新的媒体渠道获取了股份。这些人中包括："罗格瓦茨"公司（该公司是俄罗斯最大的股份公司之一，它还在媒体界——包括俄罗斯的ORT电台和俄罗斯《独立报》，以及周刊杂志《小火焰》——享有股份和股权）的老板鲍里斯·别列佐夫斯基（Boris Berezovsky），俄罗斯进出口银行（该银行资产位列全国第三）行长弗拉基米尔·波塔宁（Vladimir Potanin），梅纳捷普旗下的金融集团首领米哈依尔·霍多尔科夫斯基（Mikhail Khodorkovsky），曾任俄罗斯部长的银行家彼得·艾文（peter aven），阿尔法银行行长米哈依尔·弗里德曼（Mikhail Fridman），以及斯托利克尼储蓄银行（Stolichny Savings Bank）行长亚历山大·斯莫伦斯基（Alexander Smolensky）。[7]为了让这些人帮助自己发起大规模选举运动，为了获得媒体的支持，叶利钦向这些人承诺，要为寡头政治执政者们留出七个特权竞标位置，而且等到俄罗斯的石油、天然气、冶金及其他重工业领域中的一些重要国有公司私有化后，就让他们参与控股。有关方面还对这种臭名昭著的"债转股"形式进行了大量分析，并作了全面记载。这种做法将"谁来管理俄罗斯"的决定权交到了那些出资赞助选举运动的商业大亨和寡头政治执政者手里。同时，还为"叶利钦家族"（鲍里斯·叶利钦的家人和友人）和一些商业人士之间的斗争埋下了祸根。这些斗争在1999年即将到来的那段时期产生了深远的政治影响。[8]

1996年俄罗斯举行了总统选举，这次选举中的政治手段、政治要素和主要参与者在21世纪的普京时代一一再现。选举期间，西方公关手段被频繁利用，竞争对手之间恶意诋毁，独立改革共产党大量涌现，民族主义者政治运动大肆兴起，经过授权的私人企业开始为选举运动提供资金……这些形式为接下来10年间的政治基调奠定了基础。久加诺夫是当时俄罗斯总统的有力候选人。2012年3月的总统选举中，他又再次成为普京的竞争对手。1996年选举中得票数排名第三的俄罗斯将军、阿富汗战争中的英雄亚历山大·列别德（Alexander Lebed）——民族主义候选人，2002年4月死于飞机事故——在同僚德米特里·罗戈津（Dmitry Rogozin）的帮助下[9]，曾经掀起过俄罗斯社区大会（KRO）民族主义者运动，他活跃在国家政治领域的方方面面。还有许他其他政治人物也在这场选举中登上了政治舞台，例如俄罗斯自由民主党领导人兼民族主义政治家弗拉基米尔·日里诺夫斯基（Vladimir Zhirinovsky），1996年叶利钦团队曾经在国内外媒体中将俄罗斯自由民主党贬损为法西斯的掩护性候选人。这次选举结束后，七大寡头政治执政者中的一些人在俄罗斯政府部门谋得了职位，其中鲍里斯·别列佐夫斯基成了俄罗斯安全理事会的副秘书长，而弗拉基米尔·波塔宁当上了第一副总理。21世纪初，在普京与寡头政治执政者们的斗争中，别列佐夫斯基、弗拉基米尔·古辛斯基（Vladimir Gusinsky）和米哈依尔·霍多尔科夫斯基就是最主要的对手。最终，别列佐夫斯基和古辛斯基落得被流放的下场，而霍多尔科夫斯基被关进了西伯利亚监狱。[10]

奉命于危难之间

自20世纪50年代以来，中央政府策略屡遭抗议就成为苏联边缘地区政治的一大特征。自苏联解体、俄罗斯联邦成立后，俄罗斯本土地区继续要求改变领土和政治现状。俄罗斯北高加索车臣共和国从俄罗斯脱离出来，宣布独立。其实早在1991年苏联解体之前，这件事就已经引起了各方关注。1992年，为了解决争端，叶利钦尝试推出一项新的联邦条约。然而，车臣地区和鞑靼斯坦共和国坚决反对这项条约。这引起了一阵恐慌，人们担心俄罗斯将会像苏联一样被拆散。鞑靼斯坦和其他一些俄罗斯地区坚决反对俄罗斯新宪法中涉及地方权利的条款。叶利钦政府穷尽努力，最终于1994年2月同鞑靼斯坦达成了双边协议。然而，对车臣重回俄罗斯联邦的问题，叶利钦所做的努力还不够。此后不久，他坚决反对车臣独立，并于1994年夏天策划推翻车臣政府。然而车臣方面抓获了俄罗斯的密探，反而当众羞辱了叶利钦和俄罗斯当局。

1994年12月，俄罗斯政府对车臣发动了一场全面军事进攻。该次进攻是自二战后，发生在俄罗斯土地上规模最大的军事行动，军民死伤不计其数，车臣首府格罗兹尼也几近摧毁。1996年8月，总统选举结束后普京来到了莫斯科，这时不自量力的俄罗斯军队基本崩溃，已无法有效作战。士兵死伤无数，部队士气衰竭，再加上军备不足，长官们不得不动用二战时的军械储备。入伍的士兵连最基本的需求都得不到保障。到了冬天，车臣地区环境恶劣，当局不得不发动俄罗斯民众为战斗在车臣的士兵们织袜子。最后，车臣之战以俄罗斯战败告终，这也是自10年前阿富汗战役后，俄罗斯在军事上的又一次惨痛败绩，只不过，这一次是败在自己的领土上。自6月的总统选举中高调亮相后，列别德上校已成为俄罗斯政坛上不可忽视的人物，在他的煽动下，叶利钦政府不得不同车臣政府达成停战协定。在随后的和平协定中，莫斯科方面同意停止军事干预，并且同车臣方面签订了关于双方未来关系的双边条约。许多俄罗斯政要和高级军官对这等奇耻大辱感到愤怒万分，他们怒言道，1996年到1997年同车臣达成的条约都只是暂时的。[11]

车臣战争的惨败助长了其他地区的气焰，于是他们也要求签订双边条约。这样一来，双边条约就不再是一种应急措施，而是成为调节莫斯科同俄罗斯边缘地区关系的主要机制。两年间，叶利钦政府不得不与多个地区商定协议，其中包括：临近鞑靼斯坦的主要产油国巴士科尔托斯坦，位于北高加索地区与车臣毗邻的下诺夫哥罗德，叶卡捷琳堡，白尔姆和伊尔库茨克，从俄罗斯中心地带延伸至乌拉尔河和（西伯利亚地区的）贝加尔河地带的所有重要民族地区，俄罗斯金刚石工业的中心地——西伯利亚萨哈雅库特共和国，以及波罗的海地区加里宁格勒的国外领地，甚至还包括圣彼得堡和列宁格勒周围的州区。[12] 虽然这些条约成为避免将来发生毁灭性斗争的有力工具，但是，俄罗斯陷入了领土分散、责权混叠的局面。

这一时期，莫斯科的对外政策开始摇摆不定。内部斗争以及经济衰弱，导致俄罗斯无法对国外的主要发展形势施加影响。20世纪80年代，苏联领导人米哈伊尔·戈尔巴乔夫和外交部长爱德华·谢瓦尔德纳泽（Eduard Shevardnadze）为国家政策和外交政策建立了直接联系。为了赢得国际上的财政支持，实现重建和复兴苏联经济，他们摒弃了苏联对待西方的传统态度，转而着力于缓解紧张的国际关系。[13] 一开始，鲍里斯·叶利钦沿袭了外交部长安德烈·科济列夫（Andrei Kozyrev）的对外政策。在实施“休克疗法”的早期阶段，着力于处理好与国际金融、政治机构，以及美国之间的关系。1992 年 2 月 1 日，叶利钦总统和美国总统乔治・赫伯特・沃克・布什发表了联合声明，宣布俄罗斯与美国化敌为友。两位领导人宣称，俄美两国将建立战略合作关系，开启新的纪元。然而随着在一系列国际危机中俄罗斯与西方国家关系陷入泥沼，俄美两国友好合作的希望迅速破灭。科索沃战争爆发之后，俄罗斯方面没有能力阻止美国的军事行动，因此两国关系一度降至冰点。北约的第一轮向东扩张也加剧了俄罗斯对美国的不满情绪。与此同时，俄罗斯与欧洲的关系也变得极为冷淡。

在此期间，尽管美国和一些国际金融机构不断承诺为俄罗斯提供充足的资金支持，然而他们却并没能帮助俄罗斯缓解经济改革带来的严重后果。[14]这样一来，叶利钦政府的幻想破灭了，于是他们把对外政策的焦点从西方国家转移到前苏联国家上，试图挽回莫斯科在这一地区的霸主地位。

叶利钦提议与邻邦国家进一步建立密切关系，可是，这一提议遭到了邻邦的冷落。自苏联解体后，叶利钦的团队认为，在俄罗斯的领导下，独联体（CIS）的创立为后苏联时代重整地域局面开创了一个新机制。然而，一切并没有按照计划发展。在大部分独联体成员国眼里，成立独联体，只是为了防止发生类似的南斯拉夫战争，或者说，这只是和平分裂的开始。除此之外，俄罗斯经济危机一直不能有效缓解，这严重影响了独联体地区一体化政策的推行，致使独联体在政治、经济、安全等领域的发展进程极为缓慢。而受到北约东扩的影响，俄罗斯在中亚的领导地位也不断遭受质疑。政治混乱、经济衰败、国家安全与统一饱受威胁、与欧美之间的外交关系陷入僵局，在独联体成员国中的公信力遭到质疑，这一系列内忧外患成为了世纪之交俄罗斯面临的巨大挑战。这时的俄罗斯急需一个威望和手腕都足够强硬的人来继承国家大统。因此，普京的出现让叶利钦感到欣喜，也让俄罗斯人民看到了希望。

接过权杖，俄罗斯雄风再起

1999 年 12 月 31 日，叶利钦突然发表电视讲话，宣布即日起辞去俄罗斯总统的职位，并由总理普京代为行使相应的职权。以此为依托，2000 年 3 月 26 日，普京在俄罗斯总统大选中胜出，接过了叶利钦手中的重担。成为了俄罗斯新千年之际“新的政治家，新的面孔以及精力充沛、精明强干的新人”总统。

普京上任之初，俄罗斯中央政府权力弱化，国家宪法权威旁落，各个地方政府各行其是，俄罗斯社会各阶层对政府工作极度不满，甚至对国家政权丧失了信心。原本沉疴累累的经济受到了政治混乱的影响，总体形势停滞不前。另一方面车臣问题悬而未决，直接影响了俄罗斯的国家安全。同一时间，俄罗斯外交也陷入困境，与欧美之间问题重重。可以说普京接过的俄罗斯是一个“正处在数百年来最困难时期的俄罗斯”，然而普京却用强硬的手段和正确的决断拯救了这个国家，重振了俄罗斯的雄风。

1999 年 8 月 7 日，号称“高加索狼”的巴萨耶夫与一个伊斯兰教主义者伊本·哈塔卜带领 1500 人的非法武装分子对达吉斯坦发动了进攻，妄图在那里建造一个伊斯兰国家。新晋升总理的普京立刻抓住当时俄罗斯国内接连不断的爆炸事件以及车臣叛军入侵达吉斯坦的导火索，毅然发动了第二次车臣战争。在自身口才以及人格魅力的双重作用下，普京不仅在国内获得了支持，甚至赢得了西方国家的理解。于是，1999 年 9 月 19 日，俄罗斯空军开始对车臣境内的军事目标进行轰炸。10月初，俄军完成对车臣大部分地区的占领，到了12月，俄军歼灭非法武装分子4500人，控制了包括车臣第二大、第三大城市在内的大多数地区，并建立了地方基层政权，取得了第二次车臣战争的胜利。普京用雷霆手段向俄罗斯乃至世界展现了他态度强硬，以及认真实干的一面。对普京来说，第二次车臣战争既是为了一雪前耻，同时也是为了消除俄罗斯的安全隐患，避免俄罗斯解体。普京认为“我们已经别无选择，如果继续姑息纵容，就有可能失去整个俄罗斯”。在提到这场战争时，普京直言不讳地表示：“无论恐怖分子在哪儿，我们都要穷追到底。他们如果在机场，就在机场干掉他们。如果——请原谅我的措辞——在粪坑抓到他们，那么就把他们溺死在粪坑里。没什么好说的。”然而升任国家总统之后，车臣地区的战后遗留问题又成为一项重大考验。尽管车臣独立的势头得到了压制，但是没有政治、经济以及社会等领域的综合治理，单凭军事占领，无法从根本上解决车臣问题。车臣问题属于民族问题，直接关系到国家安全和统一，因此普京对此格外重视。他多次前往车臣前线，鼓舞士气，全力缓和民族关系，削弱地方势力。

在经济发展领域，普京以雷霆的治理手段将经济萎靡、社会混乱、国运式微、国际地位不复从前的俄罗斯重新带上了“国富民强”的复兴之路。他以俄罗斯现实为基础，对各种经济思想兼收并蓄，调整经济发展目标，改革经济发展模式，力求“给俄罗斯人民制定出一个能使俄罗斯复兴和繁荣的战略”。2003年以来，普京将经济政策的重点放在完善经济制度上，使国家经济向混合市场经济模式转变。由于加强了国家对经济的宏观调控，俄罗斯摆脱了经济危机，实现了经济稳定，走上了经济增长的正轨。在国际经济以及对外贸易领域，普京也制定了经济发展战略，使俄罗斯进一步融入国际经济领域。俄罗斯还积极推进区域经济一体化进程，与白俄罗斯、哈萨克斯坦、乌克兰共同签订了“统一经济空间”协议，并加入“上海经合组织”，力求恢复与中亚国家的传统经济联系。此外，俄罗斯不断加强与亚太经合组织的合作，并于2011年12月16日加入世界贸易组织。

在恢复经济的同时，普京清楚地意识到，俄罗斯正处于社会转型期，必须对各种资源合理调配，因此树立中央权威成为他整顿政纲的当务之急。普京最大限度遏制地方政府势力，打击政治寡头，并在各个方面突出国家行政系统的权力。他恢复了俄罗斯联邦宪法权威，建立了“联邦区”，改组了联邦委员会，并明确了中央的最高权力。最终控制了地方势力各行其是的局面。与此同时，他对叶利钦双头鹰外交的政策加以继承和发展，制定了巩固独联体、平衡东西方的全方位外交政策。可以说，这一政策对俄罗斯重新崛起意义重大。在普京新政策的指导下，俄罗斯在处理国际事务中进退有度，左右逢源。

第一任期内，普京政绩卓著，他为俄罗斯带来的改变赢得了所有国民的感动和支持。因此，第四届俄罗斯总统选举来临之际，普京获得连任几乎毫无悬念。他在莫斯科红场的竞选总部对记者告白：“我想这些年来，我一直是努力工作的，而且，我是真诚地工作的。人民一定感觉到了。我向你们保证，在今后的四年中，我将以同样的方式工作。”8年后，他从总统的舞台走下，回到了熟悉的岗位——国家总理。8年执政期间，普京为俄罗斯带来了无数辉煌。国家经济迅速腾飞，俄罗斯重归世界十大经济强国之列，成为世界上具有活力和前途的新兴市场之一；国家武装力量极大提高，武器不断更新换代，现代化水平进程加快，战略核威慑力量发展迅猛。在多级外交战略的影响下，俄罗斯走出了最初的外交窘境，并重新获得了外交上的独立性，更多地参与到国际事务当中，真正成为在国际上具有重要话语权和主导能力的大国之一。普京为俄罗斯带来的巨大转变不容忽视，然而对于这个经历了动荡时期，混乱重重的国家来说，8年太过短暂。经济持续增长，却存在危机后“反弹”的风险，经济结构调整并没有实质性的成果。社会改革问题收效不容乐观，社会领域深刻的矛盾不断凸显。政府改革也仍未见成效，腐败痼疾难除。

三度登顶，王者归来

为了筹备2011年12月的总统选举，普京和克里姆林宫10年间一直在不间断地发动各种运动。本着维护普京个人名望的宗旨，一旦出现问题，他们就立刻调整策略。21世纪初期，“颜色革命”[I]将格鲁吉亚、乌克兰和其他一些前苏联国家不受欢迎的领导人拉下台。2011年的“阿拉伯春天”运动又引发了一场政治动荡，它推翻了北非和中东的独裁政权，其中包括一些和莫斯科有密切联系的政权。普京和克里姆林宫方面通过不间断的民意测验和调查——包括一年一度的电视交流会——来推测人民的态度。他们以迅雷不及掩耳之势平息敏感话题，防止它们成为唤起民众愤怒的焦点，避免民众走上街头抗议。

纵观21世纪的前10年，从电视新闻到报纸，再到网络，操纵这些媒体成为了俄罗斯政治体系一个日益明显的特征。互联网兴起之后，俄罗斯并未立即进行网络审查。而是绞尽脑汁在政治和公共信息板块填补自己的

I 译者注：颜色革命(Colour Revolution)，又称花朵革命，是指21世纪初期一系列发生在独联体国家和中东北非地区的以颜色命名、以和平和非暴力方式进行的政权变更运动，这些有着明确政治诉求的活动，背后一般都有外部势力插手的因素，经过社会动员，往往导致持久的社会对立和动荡，给执政者形成强大压力。

内容，他们希望通过这种方式决定、甚至是创造一个新媒体的未来。与此同时，一些与克里姆林宫关系密切的经营者（所谓的寡头政治执政者）抓住机会成为世界富豪，并且渗透进世界各地的社会媒体市场。普京身边的核心圈子严密监视着重要的评论人士和一些有影响力的博主，他的团队将克里姆林宫里的一些团体聚集起来，专门对抗那些国内外的持不同政见的人士和评论家。此外，他们还开设培训课程专门指导那些拥护俄罗斯政治体系的博主。克里姆林宫方面还雇佣了一批世界前列的公关公司来帮助完善媒体战略。2011 年的大部分时间里，克里姆林宫方面都比较有信心，他们相信俄罗斯能避免“埃及解放广场”和“阿拉伯春天”之类的事件发生。

到了 2011 年秋天，弗拉基米尔·普京的个人化政治对大众来说早已不再陌生。2011 年 9 月 24 日，普京即将重归总统之位的消息公布，然而这并没有在民众中引起强烈反响，仿佛这一切早已是预料之中的事情。2007 — 2008 年，普京和共事多年的德米特里·梅德韦杰夫达成了一项共同执政的协定。梅德韦杰夫出任新一届俄罗斯总统，而普京担任总理。作为总统的梅德韦杰夫是否享有实权，这遭到了来自俄罗斯民众不同程度地怀疑，他们始终认为真正的权利仍然掌握在普京手中。梅德韦杰夫和自己的政策顾问们就俄罗斯的未来展开了广泛地讨论，这次讨论开创出空前的改革氛围，使俄罗斯民众对开放的政治和经济体系改革充满了期待。俄罗斯国内的专业人士和上层精英们认为，2011 年普京的支持率突然降到梅德韦杰夫之下是倒退的象征。从 2011 年 9 月 4 日的杜马选举中明显可以看出，俄罗斯民众对当前体系和机制的不满与日俱增，尤其不愿统一俄罗斯党作为主要执政党。统一俄罗斯党在议会中占据多数席位，可是在普选中，得票数远不及其预计的百分之五十。统一俄罗斯党在选举中挫败后，其作为执政党的希望也就变小了，普京的政治名声也因此败坏，而这对他参加 2012 年 3 月的总统选举十分不利。

2011 年 12 月后发生的一系列事件表明，普京的团队不得不重新规划方案，再度权衡目标。在过去的 10 年中，俄罗斯民众已经有了更为丰富的政治经验，并且形成了不同以往的政治期待。在建立社交网络方面，俄罗斯人民已经位列世界之首。除了国家控制的媒体渠道外，他们还掌握着多方信息来源。2011 年 12 月，互联网、电话、视频和推特（Twitter）多面出击，共同曝光各种违反议会选举原则的行为。从莫斯科到圣彼得堡，从互联网到大街上，成千上万的民众——尤其是城市中年轻的专业人士们——持续进行着抗议活动，希冀改变俄罗斯的政选方式。抗议者们发声：“我们不希望出现任何暴力，也无意扳倒普京政府。我们只是希望，政府能够听到我们的声音。没有人想要革命，我们只是想要公平的选举和一个能真正代表我们利益的政府。”

在 2012 年 3 月总统大选之前消除这些不满，克里姆林宫面临着巨大压力。普京和他的团队重新开始动员一切力量提高支持率，希望能在选举初期获得大多数选民的支持，避免在第二轮选举中陷入危机。自 1999 － 2000 年普京首次担任国家元首以来，俄罗斯就经历了一系列显著的变化。然而，在这种形势下，人们不得不考虑的问题是：在接下来的 10 年中，普京是否依旧是管理俄罗斯的最佳人选？他是否也已经随着国家的改变而改变呢？

不可否认的是，普京在俄罗斯掌握着巨大的资金资源，他手中的军队和警察们也依然立场坚定。对抗的力量仍然是那些所谓的“系统”政党和“非正式”团体。这些政党们在议会中占据着席位，而“非正式”团体则不断致力于发动抗议活动。然而无论如何，不管民心如何躁动，俄罗斯民众最渴望的仍然是对时下体制的改革，而不是一场革命。因此，形势对普京来说依然有利。2012 年 3 月的选举，看点就在于是拥有西方资金和舆论支持的反对派获胜，还是掌握着大量公共权力和政治资源的普京重回政权巅峰。而大选的最终结果证明，绝大多数俄罗斯选民都愿意再给普京 6 年的时间，让他维持社会稳定，保护俄罗斯经济免受冲击。

六重面孔下的英雄本色

21世纪最初的10年，普京一直在履行政治家的义务，在俄罗斯的舞台上展现着自己非凡的影响力。深入了解普京的政治作为，就能真正明白他的政治口碑以及影响力缘何而来。在他赢得民众支持的过程中，他的六重个人身份才是真正凝聚民心的源头。我们将他的这些身份称之为情报人员、历史的学生、中央集权论者、局外人、生存主义者和自由市场经济主义者。这些不同的身份是如何形成并演变成今天的形象的？它们在俄罗斯的历史、文化和政治方面又有怎样的根源？我们并没有方法可以论断究竟哪种身份与真正的普京更为相符，但是这些身份可以帮助我们更透彻地了解弗拉基米尔·普京究竟是一个什么样的政治人物。

我们先来看他的其中三种身份——历史的学生、中央集权论者和生存主义者。这些都是最普通的身份。他们不仅可以代表普京，还可以代表一大群俄罗斯人，尤其是那些与普京同龄的俄罗斯政治家们，那些早在苏联时期就参加工作，并且20世纪90年代就在俄罗斯政治舞台上崭露头角的大人物。普京对俄罗斯的看法，他的政治哲学，和他在21世纪第一次出任总统时的各种观点都是基于这三种身份。20世纪90年代苏联解体后，俄罗斯联邦作为独立自主国家的最初10年间，俄罗斯陷入了经济政治危机。前苏联共和国的其他联盟国，甚至原俄罗斯帝国的部分地区都不再受莫斯科的控制。而此时的普京主要扮演中央集权论者、历史的学生和生存主义者的身份。这些年的经历不但造就了弗拉基米尔·普京的身份，还为他的个人政治经历提供了背景。普京当上俄罗斯总统后做的第一件事，就是于1999年12月发表演说，阐述了20世纪90年代俄罗斯的经验教训，并提出处理办法。到了2012年总统竞选期间，普京又回归到他最初的论述。他常常直言不讳地将20世纪90年代描述成混乱的年代，指出当时动荡的时局对国家造成了如何严重的后果。此外，他还将这一时期同自己任总统的10年进行对比，表明自1999年就职总统后，自己凭借个人能力，使俄罗斯政治安定、经济平稳。于是，普京在2012年的竞选运动中明确把矛头对准20世纪90年代执政的叶利钦。此外，在普京看来，20世纪90年代的俄罗斯，局面已经混乱不堪，关键时刻由他出任总统是必然结果，因为只有他才能结束这种局面。

普京还有另外三种身份：情报人员、局外人和自由市场经济主义者。这些身份与前三种不同，是普京所特有的。可以说，1999－2000年年间，正是这三种身份将弗拉基米尔·普京推进了克里姆林宫。然而，随着时间流逝，这三种身份也初露岁月痕迹。它们深深扎根于普京进入克里姆林宫之前的生活和事业中，不曾经过翻新，而且在他担任国家首脑的10年间，也未随着俄罗斯的变化而变化。这些身份并不是政治家们所特有的身份，而是在苏联的历史背景之中产生的新事物，在它们的帮助下普京才能成为真正的幕后操纵者。普京的核心身份与他自己和俄罗斯的过去密切相连，越来越多的俄罗斯民众也清楚地认识到这一点。这对于普京个人而言是一个弱点，对他所建立的统治体系来说也是一道重伤。这三种身份，使得普京无法与那些自2011年议会选举和2012年总统选举后走上街头抗议的俄罗斯民众站成一线。

回顾普京过去的种种经历，不难看出，在登上俄罗斯政权巅峰，成为国家总统的过程中，普京的不同身份起到了举足轻重的作用。不能否认，普京在掌握国家政权时把握住了很多机遇，也有很多人真心为他着想——普京曾在某个特定时期被这些人奉为“英雄”，他们希望普京能够帮助维护自己的利益。然而从普京的个人档案来看，更大程度上，他的成功是源于自己的能力，而非他人的助力。

弗拉基米尔·普京就像一位称职的克格勃情报人员那样，冷静、睿智同时心怀抱负，他隐藏在自己的志向之下就像一只蛰伏的雪豹，在机会跃然于眼前时紧紧抓住。普京密切关注着那些对他事业有帮助的人。他试着去了解他们，加深同他们的联系，必要时伸出援助之手，从而巧妙地控制住他们。普京把自己推上有影响力的位置，任凭人们轻视他，有时甚至鼓励这种轻视的到来，而他则悄无声息地将权力累积到手。1999 年以前，普京还只是俄罗斯政坛上一个默默无闻的小人物，然而对车臣叛匪的制裁行动却成功地让他走到台前，并且初次登场就赢得了满堂喝彩。叶利钦义无反顾地选择了普京，而普京也不负众望地创造了俄罗斯政坛上的神话。2006 年叶利钦在接受采访时说："我很高兴选择了普京，我的眼光没错。俄罗斯正处在快速发展时期，急需一位年轻的总统。我也一直在努力寻找这样一个人，一个稳重的人，一个将创造一个自由、文明以及市场化的国家作为理想和最重要价值观，同时具有坚定意志的人。普京就具备这些素质。"

尽管是国家总统，但普京和普通人一样，他的观念全部都来自于生活经历。而这些生活经历都是在六个不同身份的基础上得来的。普京的身份是平行的，没有先后顺序，这些身份在不同层面上相互重合，同时为相同的目的所服务。因此，在本书中，我们将刻画出普京的不同侧面，并以不同的方式呈现。历史的学生、中央集权论者和生存主义者这些普通身份基本是相互融合的。它们主题相同，在很多方面的表现形式也极为相似。然而我们依然需要找出这些不同身份的差别之处。普京的面貌是在诸多方面的影响下形成的：他在苏联过渡到俄罗斯的背景下成长、生活和工作；他个人对俄罗斯历史和文学抱有浓厚的兴趣；他曾在列宁格勒大学学习法律；他曾加入过克格勃并在东德德累斯顿任职；20 世纪 90 年代他在圣彼得堡担任副市长；1996 来到莫斯科；2000 年后正式成为俄罗斯国家首脑。普京的经历以及这些经历对他产生的影响都可以在十几年来他在公开场合的讲话中窥斑见豹。

我们无法确知鲍里斯·叶利钦选定普京为继承人的原因，对普京在克格勃任职时的所作所为也不甚了解。然而，我们可以知道克格勃在普京的管理下是什么情况。于是，我们调查了解了一些克格勃主要官员们的事业生涯、发表刊物和回忆录，比如尤里·安德罗波夫（Yury Andropov）和菲利普·博布科夫（Philipp Bobkov）——是他们成就了克格勃，同时也成就了普京。尽管普京不断提起20世纪90年代是“问题时代”，并将之作为自己竞选总统和总理时的反面教材，但在执政期间他仍然借鉴了20世纪90年代的一些核心观点和一系列政治和法律思想。这一点在普京自己的文章和演讲中均有所体现。

几十年来，普京在莫斯科和圣彼得堡的工作中结交了不少朋友，在体系内部也发展了不少人脉，从这些关系中可以看出为什么说俄罗斯目前的政治体系是普京六种身份相结合的产物。普京于1996年来到莫斯科，在俄罗斯的总统管理部门任职。他并不是出乎意料地出现，也不是“天外来者”，确切地说，他从圣彼得堡而来，来自阿纳托利·索布恰克市长的团队。20世纪70年代，当普京还是列宁格勒大学法学系学生时就跟随在恩师索布恰克的身边。到了20世纪90年代，弗拉基米尔·普京的上级指派他到列宁格勒大学工作，于是他回到了阿纳托利·索布恰克的圈子。不久，索布恰克担任圣彼得堡的市长，普京就凭借自身能力进入索布恰克团队的核心。由于他的身份——尤其是作为前克格勃情报人员时的特殊技能——圣彼得堡市市长和他的亲信们认为，在动荡不安的20世纪90年代，弗拉基米尔·普京是实施非正式规则、解救衰败商业的唯一适合人选。于是普京就成了众所周知的“替索布恰克收拾残局的人”，此外，他在圣彼得堡参与的一些活动，为他后来在莫斯科谋权开辟了道路。

第二章

CHAPTER2

特工“攻占”克里姆林宫

有这样一群人，他们自20世纪80年代起，就因苏联解体而走上复仇之路。他们人数众多，可在政治上属于隐形人。直到20世纪90年代，他们还在热切地等待着复仇时刻的来临，普京就是其中一员……我说的复仇，是指重新把俄罗斯建成一个大国，因为我们已经习惯了生活在这样一个大国中。

——克里姆林宫前任顾问 格列布·帕夫洛夫斯基

克格勃的情报精英

担任圣彼得堡市副市长期间，弗拉基米尔·普京竭力在公众面前保持低调的形象。但与之相比，刚刚进入莫斯科的那几年普京更为默默无闻。正如那句老生常谈所说，1996 年 8 月，普京初到莫斯科的时候只不过是个无名小卒。除了将他引荐至莫斯科的同事阿列克谢·库德林外，普京算得上是举目无亲。然而仅仅过了三年，普京就被贴上了俄联邦总统鲍里斯·叶利钦继任者的标签。在如此之短的时间内登顶政治高峰，确实引人注目。一些评论员视之如谜，也有一些人不以为意。玛莎·葛森写道："普京到了莫斯科，就像被无形之手凭空提拔，他之所以得到委派也许是秘密警察的设计，抑或是天意。无论如何，事件背景都无关紧要。[1]"

普京能够在仕途中一路高升，命运确实发挥了作用，但是真正扶持他的是一些藏身于幕后的人。弗拉基米尔·普京来到莫斯科，并不是受克格勃中秘密警察组成的西罗维基 I 或者其他权力部门委派，也没有"奥泽罗"朋友圈的邻居们相帮。20 世纪 90 年代初期，克格勃派遣普京到圣彼得堡为阿纳托利·索布恰克效力，而另外一个组织——叶利钦时代的自由经济

I 译者注："西罗维基"意为"强力集团"，指的是忠于俄罗斯总统普京的一个政治团体，其核心成员是前克格勃特工、目前的安全机构官员、司法部门和军方官员。这个集团成员性质单一、非常团结，并且对普京高度忠诚。

改革者们，将普京招募至莫斯科。尽管当时的普京还并不为人所知，这些改革者们却已经对他有了全面的了解。他们并不是因为普京在圣彼得堡经济领域表现出众而选中他，而是看中了克格勃出身的普京在德累斯顿以及圣彼得堡任职期间所习得的技巧。他们希望普京能够代表自己将这些技巧应用到新兴的市场经济中去。[2]

1992年的食品丑闻是普京政治生涯中最大的污点。然而，更为重要的是，这次事件标志着普京努力发展私有经济的开端，尽管这一点始终存在争议，但是它仍旧成为了普京进入莫斯科权力中心的跳板。这也相应地促成他在2000年担任俄罗斯总统。食品丑闻之后，普京立即总结经验教训，回顾自己在克格勃的训练和工作中学到的知识，确保自己不会在同样地方再次跌倒。食品丑闻将他自由市场经济主义者和情报人员两种身份融合在了一起。

出身克格勃的普京将自己称为政治家，这一点不足为奇。克格勃和其他一些专门维护俄罗斯国家安全、着力扩大俄罗斯国际影响的机构（包括内务部和国防部在内），被看作是俄罗斯国家机器和官僚体制的核心元素。这些人组成了众所周知的“西罗维耶（意为权力机关）”。像普京一样，事业生涯始于这些部门的俄罗斯人，被公认为属于西罗维基。克格勃中的许多人都是忠诚的爱国者，他们绝对支持“复兴强国”这一理念，与此同时他们又将自己连同所在的机构神圣化。他们甚至称自己是几个世纪以前的俄罗斯历史人物的化身。[3]

2001年5月，与情报局关系密切的杂志《俄罗斯特种部队》（Spetsnaz Rossii）采访了原克格勃成员，这次采访就是这些成员们神化自己的最佳证明。这次采访对象是已经退休的克格勃长官尼古拉·列昂诺夫（Nikolai Leonov），他曾是克格勃第一总局的领军人物，负责北美和南美的行动。[4]采访中，主持人问到了他对“20世纪70年代进入克格勃的年轻一代”全部进入政府高层的看法。这些年轻一代中除了弗拉基米尔·普京外，还包括谢尔盖·伊万诺夫（Sergei Ivanov）（他于2001年担任俄罗斯安理会的秘书，此后还当过国防部长和副总理，现在是总统行政部门的参谋长）、维克托·

切尔克索夫（Viktor Cherkesov）（前圣彼得堡克格勃指挥部的部长，后担任俄罗斯联邦安全局的副指挥官，2001年担任俄罗斯西北联邦区的外交官）、尼古拉·帕特鲁舍夫（Nikolai Patrushev）（1999－2008年年间，担任俄罗斯联邦安全局的指挥官，后来担任俄罗斯联邦安全会议秘书）。面对这样的问题，列昂诺夫回答道：

如今我们迫切需要这些强有力的、求真务实的政治家们。他们掌控着有用的情报……与此同时，他们也是忠诚的爱国者并且绝对支持拥有百年历史的祖国走向复兴。历史选择了他们，让他们用实际行动重塑俄罗斯的大国地位。世界必须平衡发展，如果俄罗斯不能崛起，那么，地缘政治将会陷入混乱……克格勃官员是什么？首先，他们是国家的公仆……他们身经百战，忠于国家，并且拥有坚强的意志——你到哪里去找这些骨干呢？……能让国家秩序井然的人，只能是国家公民。

弗拉基米尔·普京在那群克格勃人员中，并无特别之处，同样是国家的仆人。他所提出的关于国家和（从属于它的）社会的想法，来源于那种长期存在的俄罗斯传统政治思想。20世纪90年代，振兴国家的想法风靡全国，同一时期，普京提出的想法，在那些自认为属于俄罗斯高层的人中盛行开来。而且，普京在上任初期，也就是"千年致辞"中，开门见山地提出了这些观点。

普京在"千年致辞"中提到"社会希望重塑俄罗斯在世界上的领导者和协调者的角色"，可这里的"社会"并不是指整个俄罗斯社会，或者所有俄罗斯民众。普京在此指的是，政治和社交方面的活跃分子，或者说对国家结构和功能有着既定兴趣的人民。换言之，就是指那些在普京当职期间，与之关系密切的俄罗斯社会精英，例如之前在俄罗斯权力部门任职、直接为国家工作的那群人。克里姆林宫前任顾问兼政治战略家格列布·帕夫洛夫斯基（Gleb Pavlovsky）在2012年《卫报》的采访中总结如下：

有这样一群人，他们自20世纪80年代起，就因苏联解体而走上复仇之路。他们人数众多，可在政治上属于隐形人。普京就是这群人中的一员，我也是其中一员……我的家人和朋友们都不能接受现状……像他们这样身居高层的人，有成百上千个。他们不喜欢1991年的国家运行方式。毕竟，人们对于自由的看法各不相同。直到20世纪90年代，还有一些人热切地等待着复仇时刻的来临，普京就是其中一员……我说的复仇，是指重新把俄罗斯建成一个大国，因为我们已经习惯了生活在这样一个大国中。当然，我并不是说要把俄罗斯建成一个极权主义国家，而是要使它成为一个受到世界尊重的国家——20世纪90年代的俄罗斯就不可能受到尊重。[5]

对于俄罗斯人来讲，所谓的“精英”，有着独特的涵义，它与美国和欧洲对精英的看法大相径庭。19世纪开始，“精英”在俄罗斯政治中举足轻重的看法就逐渐兴起。随着时间的推移，它渐渐变成了俄罗斯人眼中的“知识分子”。19世纪90年代改革运动初期，那些接受过教育的俄罗斯人就自称为“知识分子”。[6]他们认为自己是唯一真正致力于提高公共福利的群体。在他们看来，自己是俄罗斯国内反对沙皇专制经济政治体制的社会代表。[7]在某些方面，他们也认为自己是中央集权论者，不同的是，他们认为应当自下而上开始改革国家及其机构，而不是从高层开始。[8]

尤里·安德罗波夫领导下的克格勃以“与人合作”为宗旨。对安德罗波夫来说，克格勃面临的关键问题在于：是直接打压、监禁或抹杀他们的目标人物，还是改变他们的观念使他们成为克格勃的一员？第一种方法简单粗暴，要做到这一点十分容易。但与此同时，安德罗波夫及其同僚们也认为这是一种鼠目寸光的做法。第二种方法潜在回报巨大，但这却是一个极为艰难的任务，它需要娴熟的技巧、周密的计划、足够的耐心，还有更重要的一点——足以左右他人的影响力。2003年，普京为执法部门的年轻官员们开会时曾经这样说道：“世界上最复杂的工作莫过于跟人打交道。”[10]

接管克格勃不久，安德罗波夫就宣布了一项组建新部门的计划，该部门被命名为“打击颠覆活动指挥部”，即克格勃第五局。第五局奠定了20世纪70年代克格勃的基调，此时进入克格勃的普京深深地感受到了安德罗波夫的管理风格。[11]他甚至有可能在第五局担任过某个职位。该部门的领导人，菲利普·博布科夫在1995年出版的回忆录《克格勃和政权》中详细阐述了组建该部门的背景。[12]

1953年斯大林逝世后，苏联体制进入空前的自由状态。在这样的时代背景下，尤其是1956年赫鲁晓夫发表了著名的“秘密演说”，揭露斯大林时期的种种罪行之后，克格勃的工作进入了一个不同以往的处境。单纯地镇压只会取得适得其反的效果。安德罗波夫接管克格勃的时候，苏联全国爆发了很多自发的游行，抗议这种体制的压迫和衰败。安德罗波夫是1956年暴动时期苏联赴匈牙利的外交大使，所以他很明白事情能够闹多大，以及一旦抗议扩大化，就会更难阻止。

安德罗波夫“积极与人合作”的方法备受考验。博布科夫讲述了一个1969年发生在西伯利亚阿尔泰边疆的鲁布措夫斯克市的事情。一个货车司机因酒驾而被监禁，证据确凿，但却在拘留期间死亡了。基本上整个镇的居民都在抗议他的死亡。一个来自克格勃第五局的上校I.T.津帕克迅速被派往鲁布措夫斯克市处理此事。津帕克到达鲁布措夫斯克市的时候，城市主广场上已经聚集了一万多人，甚至还有人在煽动民众情绪。津帕克上校直接走到了人群中央，表明他受安德罗波夫指派，来倾听并传递他们的怨言。因此，他成功地使民众冷静了下来。博布科夫写道：“你也许会问，这（也就是倾听和处理民众的怨言）是否真的是克格勃的工作之一？不，并不是。但是所有人都这样做。”他还写道：“无论什么地方发生抗议事件，安德罗波夫都建议我们采取小心谨慎且灵活多变的方法。有很多人呼吁采用强制镇压手段，但是安德罗波夫却不允许部下采取冒险的方法，也限制他们采用极端手段。”[13]鲁布措夫斯克市事件与普京在2009年介入圣彼得堡皮卡廖沃(Pikalyovo)镇的工厂相似，当时普京亲自出面安抚民众的情绪，并迅速平息了事态。

安德罗波夫更根本的要求是，除了大批民众，对待重要任务一定要先发制人。那些所谓的知识分子——艺术家、作家、工程师和白领人士也很重要。博布科夫写道：“在这个至关重要的后斯大林时代，苏联需要的是与人民进行广泛的交流。”[14]当时，安德罗波夫领导下的“新”克格勃以及克格勃第五局不仅引起了机构内其他强硬派的不满，同时也违背了执政党的统治理念。博布科夫说，在封杀一些作者（著名的移民作家弗拉基米尔·纳博科夫）的问题上，一向以开明自称的克格勃第五局与党派领导意见不合。安德罗波夫准备将这个问题汇报给苏联政治局，但是被告知这并不隶属于克格勃的管理范围。博布科夫写道：“我们很清楚，迟早需要处理这些问题，因为封杀得越厉害，知识分子的反抗情绪就会越尖锐。毫无疑问，终将会有人违反法律，所以，我们不可避免地要牵涉其中。”[15]

在此书中，博布科夫讲述了一个他自认为非常成功的先发制人的例子。当时的异派历史学家罗伊·梅德韦杰夫（Roy Medvedev）在西方反共的出版社出版了自己的作品。尽管他早已被共产党逐出家门，克格勃官员也曾警告过他过度批评国家体制将产生严重后果，但这都没起作用。梅德韦杰夫开始抨击苏联领导人以及共产党总秘书长列昂尼德·勃列日涅夫（Leonid Brezhnev）的时候，共产党命令克格勃处理此事。于是克格勃展开了秘密行动，安德罗波夫出于个人意愿暗中保护罗伊·梅德韦杰夫，借机与勃列日涅夫对抗，以获得相应的权力。所以博布科夫别无他法，只能亲力亲为。他只身拜访梅德韦杰夫，一边喝茶一边和这位异见人士进行了很长时间的谈话。

（在那次谈话的过程中）我同时看到了对方在逻辑上所暴露出来的劣势和优势。我明白他的哪些观点是正确的，哪些观点是错误的。对于我来说，了解这一点很有必要。我很欣慰这次会见颇具成效——梅德韦杰夫不再与（西方）反共出版商合作，他也不再出版《政治日记》。此后，梅德韦杰夫只与共产党新闻媒体打交道，并开始明显向社会主义框架中的多元化倾斜。对我来说最重要的事情是，梅德韦杰夫开始与西方共产党人进行合作。现在，我们还可以通过其他方式来影响他，防止他发表反共的言论。[16]

博布科夫写道，梅德韦杰夫一事就是一个典型的例子，它说明了能够“与人合作，并将他们的潜能运用到思想工作中”是多么重要。[17] 在博布科夫看来，他与罗伊·梅德韦杰夫之间的交涉是安德罗波夫领导下克格勃典型的“开明”秘密服务方法。从理论上讲，克格勃的目标是通过一对一的交流来说服某个人对事业奉献忠诚。在实践中，要是没有高压政治或其他一些严重后果作支撑，这种劝说方式永远也不会行得通。高压政治的实现总体来说不是那么尽如人意——例如普京和祖布科夫（Zubkov）在圣彼得堡的金融信息库，以及俄罗斯的金融监测局，他们的首要目标是保存有破坏性的信息。

对克格勃的情报人员来说，理想招募结果基本上就是达成一个互利互惠的交易。这种交易靠巨大的威胁做支撑，一旦违背协议，后果将不堪设想。但是情报人员必须保证这种威胁行之有效。如果目标转而寻求他人的庇护，交易就无法正常进行。在克格勃职业生涯的某个时期内，普京很可能也参与了双重间谍的招募，这又增加了形势的复杂性。在大多数情况下，成为双重间谍的人往往不会支持招募者的事业，甚至会对这种事情表现出无所谓或者反对的态度。如果普京曾经做过双面间谍，可能性最大的就是1985－1990年在东德进行“光线行动”期间。[18] 招募和管理双重间谍这一任务要比普通情报人员的工作更为艰难。这项任务需要更多的耐心和细致入微的观察力，同时也需要更强有力的威胁、更冷酷的作风。[19]

在2000年的一次采访中，俄罗斯乌拉尔彼尔姆州副州长瓦列里·亚历山德罗维奇·休金（Valery Alexandrovich Shchukin）谈到自己在克格勃的职业生涯，强调说克格勃的工作是“政治家的附加”。

休金比普京年长几岁，也是一名克格勃特工。和普京一样，休金被安德罗波夫招募进了克格勃。他和普京几乎在同一时期就读于克格勃学院。

在彼尔姆当地的报纸《红星（Zvezda）》中，休金解释了安德罗波夫是如何招募克格勃特工的：

我之前的职业和教育经历并不符合克格勃特工的要求。但我的弟弟已经在克格勃任职多年，因此，他们严格地审查了我的申请书。毕竟不只是炼金术师和矿工需要家人共同工作。重要的是，在安德罗波夫时期一切皆有可能。我们甚至将另一个党派——共青团（Komsomol）‘招募’进了克格勃。而这次招募只需要保证不凌驾在党派之上即可。这就是为什么有十多个共青团积极分子和我同时在克格勃高等学校就读的原因。[20]

休金说，1996 年他仍然在克格勃服役，这时他接到担任彼尔姆州副州长的任命。这项任命不是克格勃的安排，而是州长本人的命令。于是上级将他调至克格勃“预备役”，一年之后休金才辞去预备役的职务。报社记者问休金“现役预备役军官”一职意味着什么，并提到“普京在圣彼得堡市长办公室工作时也在克格勃担任此职位”。休金回答说：“这就是说，尽管克格勃不再为这个人支付工资，但是他仍然隶属于克格勃。他有权了解进程信息，能够晋升，有义务执行总部指派的任务，但是不能在公开场合向上级汇报工作。”[21]

采访者认为这样的安排似乎把预备役军官当作“渗透者”了。休金虽然觉得这种说法“有点露骨”，但承认其中涉及很多法律和道德问题。普京并未因同期身兼圣彼得堡的间谍和副市长的双重职位而表现出任何的不适应。[22] 事实上，同休金的态度一样，普京一再强调情报工作对其一生的积极作用，他认为正是这种经历为自己的政治生涯做好了铺垫。2000 年 12 月，休金接受彼尔姆州报社采访的短短几个月后，加拿大 CBC 和 CTV 频道、加拿大环球邮报，以及俄罗斯的 RTR 电视频道的记者就该话题采访普京，当被问及他之前在克格勃从事情报人员时是否会觉得很“烦躁”，普京在回答时提到了美国前国务卿亨利·基辛格：

你为什么会认为我很烦躁呢？我从来没有这样说过。也许在这里回忆我与基辛格先生的第一次会面不太合适。我很尊重基辛格先生，当我告诉他，我的职业生涯是从情报人员开始的时候，他停顿了一下，然后说："成大事之人都由情报工作开始职业生涯。我也一样。"我很惭愧，在这之前我从没听说过这回事。但是那有什么？我知道其他国家的一些领导人，甚至美国总统，都曾从事过情报工作。我为我的国家服务，忠诚守信，没有什么可忏悔的。而且我必须强调，我从来没有违反过其他国家的法律，尽管这听起来可能很奇怪。这是一个专业性很强的工作，为我的生活增添了很多乐趣。[23]

鉴定、招募和管理间谍的过程是建立在一对一的亲密关系基础上的。但是，作为俄罗斯总统，弗拉基米尔·普京不得不将情报人员的技能应用于整个国家，以确保所有俄罗斯人都积极投身于为国家服务这一事业中去。如何实现呢？普京不会逐个筛选每个俄罗斯人。作为整个国家的情报人员，普京需要的是一些得心应手的工具。这其中，历史就是普京手中一个有力的武器。

利用历史及公共关系，普京不再是管理个人的情报人员，而是转变为招募特殊群体为国家服务的俄罗斯总统。自 1999 年 12 月发表"千年致辞"之后，普京发表的各种演讲以及书面文件中都可以看出，他已经开始筛选，究竟哪些是忠于国家的人，而哪些人将会永远被排除在俄罗斯的历史之外。这些反对群体会发现自己变成了"他们"——外族人，而不是"我们"。普京无所不能的各种形象——自行车手、户外运动者、消防员，以及他在工厂车间与工人们会面的活动使俄罗斯各群体和社会阶层都敞开胸怀接纳普京，为普京提供政治上的支持。

德累斯顿，命悬一线

众所周知，就职克格勃期间，普京在列宁格勒、莫斯科以及德累斯顿的工作内容究竟是什么，至今仍是个谜。不仅没有任何确凿的资料记录他当年的职责，普京自己对此也一再三缄其口，甚至连他的至交好友谢尔盖·罗尔杜金（Sergei Roldugin）对此也一无所知。但是关于普京在德累斯顿做了什么我们还可以从为数不多的资料中了解一二。据普京回忆，柏林墙倒塌时，一大群愤怒的德国民众聚集在东德国家安全局的总部周围。[24]当时普京正在地下室疯狂地焚烧那些极具价值的敏感文件，这些文件包括当时德国的联系名录和特工网点，他担心暴民迟早会冲进来“找我们的麻烦”，事实证明他的担心不无道理——这些民众确实冲着普京来了。[25]

愤怒的人群包围了大厦的时候，普京在保镖们的护卫下走了出来。德国民众将他团团围住，接二连三的质问：这栋被视为苏联文化中心的大楼究竟用来做什么的？为什么他的车有德国牌照？为什么他的德语如此流畅……尽管普京没有详细阐述过自己当时的计划，但在走出大厦的时候，他已经做好了心理准备，一旦这些群众准备硬闯，他就以暴力应对。然而这一天却并没有上演暴力冲突。尽管如此，这段被抗议群众团团包围，困在大厦中无处可逃的记忆仍然对普京造成了伤害。对普京来说，整个事件中最令他不安的是，当他向附近的一个苏联军事基地电话求援的时候，对方却回答没有莫斯科的命令，他们爱莫能助。然而莫斯科方面始终沉默，从未下达任何命令。[26] 普京痛苦地明白，自己被莫斯科抛弃了。他伤感地回忆道："没有人愿意为我们提供哪怕一丁点儿的帮助。当时我突然感觉，国家已经不复存在。任何人都能看得出，苏联病了，得了一种致命的绝症——权力瘫痪。"[27]

很明显普京在解决群体事件方面是个新手——缺乏经验因而毫无头绪。在苏联实施改革开放的几年内，社会各阶层到处都在抗议游行。在这个动荡的改革时期，如果普京在俄罗斯国内的话，应该早已习惯大批民众聚集在一起的场面了。然而当时他却身在德累斯顿。一直到 1989 年，东德仍然没有实行改革开放。东德共产党领导人埃里希·昂纳克是共产主义阵营中最反对改革的人。普京在德累斯顿的工作是在暗中进行的。当工作进入尾声，他才在东德国家安全局及自己的联络处遇到街头抗议者。

对这次经历，普京曾经非常详细地做过一番描述，当时他的上司不在德累斯顿，所以普京就是实际负责人。按照规定，普京必须保卫好大楼，保证秘密文件不会落到德国群众的手中。但是究竟是使用暴力手段，还是依靠安抚情绪将人群遣散，他陷入了两难选择。事实上，劝服愤怒的群众是违反行动原则的。而且一旦行动失败，他将被提交军事法庭接受审判。普京情绪激昂地说到：

当我走上街头，去面对这群人的时候，我很清楚，我赌上的不止是我的职业生涯，还有我家人的未来。但是，那些秘密名单里的人的未来呢？这些打算冲进大楼的民众呢？保护他们的生命，比我的职业生涯更有价值。那个时候，我的脑海里坚定了必须牺牲职业生涯的想法。没有一个职业的重量会超过哪怕只是一条生命。[28]

在与德累斯顿的市民面对面之后，普京撒了一个巧妙的谎言来保护自己。很明显，当时的围观群众期待见到的是东德安全局的人，而普京恰好说了一口非常流利的德语。当群众质问他是谁的时候，普京回答说："翻译官。”[29] 他最终选择用一个谎言让自己幸免于难。

普京不擅长处理敌对人群，这令他很难成为一个大众政治家。这在当时并没有造成什么影响，毕竟，他走上总统之位还是很久以后的事情。克格勃将普京派往索布恰克的办公室，可能就是考虑到他在克格勃掌握的多方面的技能，以及他在外贸、外事服务方面的经验以及语言天赋。当然，这与普京在列宁格勒与索布恰克结下的师生情谊也不无关系。普京在圣彼得堡与商人合作时得到的教训迫使他在 1996 年转战莫斯科，执行一个不需要用到他仅有的经济和政治技能的任务。在这里，他无需制定政策，也不会和抗议民众接触。他在莫斯科的工作和在圣彼得堡时一样——为克里姆林宫的人工作，并且和商人打交道。他在圣彼得堡积攒的发挥影响力的方法，是他的主要财富和优势。当他在莫斯科政坛迅速向上攀登的时候，他所掌握的其他技能也显得越发重要。

圣彼得堡的灰衣主教

圣彼得堡食品危机之时，负责食品供应保障的是议会前任女主席玛丽娜·萨里耶。1992 年，圣彼得堡食品危机进入关键时期，玛丽娜·萨里耶开始调查之前弗拉基米尔·普京代表市长办公室缔结的协定。她发现每项协定中都有相互矛盾的地方。萨里耶认定，虽然圣彼得堡并未收到协议约定的食品物资，但是实际上商品已经出口，中介公司也获得了佣金。基于萨里耶的报告，市议会建议市检察院指控普京，还向索布恰克市长提议将普京罢免。萨里耶甚至给叶利钦总统写了一封信，并直接与叶利钦政府审计署副署长尤里·博尔德列夫（Yury Boldyrev）进行商议。博尔德列夫也是圣彼得堡出身，是 20 世纪 90 年代亚博卢反对党的创始人之一。他亲自负责该案件，甚至将索布恰克传唤至莫斯科讨论案情。然而，玛利娜·萨里耶表示，在阿纳托利·索布恰克的直接授意下，这件事最终不了了之。[30]

二十多年过去了，如今，整个事件的全貌已经很难再现。玛利娜·萨里耶故去了，当时搜集到的文件也都不见踪影。[31] 像普京经历的许多重大事件一样，食品丑闻变成了缺乏实证的历史传闻，更像是某些人的杜撰和谣传。

据萨里耶调查，普京至少为总额高达 9,250 万美元的各种商品办理了出口证明。[32] 这些产自俄罗斯境内的金属、石油以及其他资源被运往国外，用来与食品供应商进行实物交易。乍看之下，这种交易并无不妥。出于各种各样的原因，20 世纪 90 年代，实物交换在俄罗斯随处可见，[33] 然而，在对外贸易中这种交易方式却并不常见。通常，经营商品种类较少，国外销路广阔的卖家更希望得到现金——美元或者其他的硬通货。在正常的市场经济中，这些商品持有者，无论是政府还是私营企业，都会将出口商品兑换成美元、德国马克或者英镑，然后用兑换来的硬通货向供应商购买所需产品。

然而根据普京对此事件的解释，再参考当时合约的复印件，可以发现这次事件非同寻常。“商品换食品”的交易似乎是在地方完成的，但却并非由城市立法机构或者行政部门的官员操刀。严格来说，这些交易是私营商人提议的。1991 年 12 月 4 日，时任对外关系委员会主席的普京致信联邦外长彼得·艾文，普京在信中并未要求联邦政府为圣彼得堡调拨钱款、食品或自然资源，但他写道，既然国家不能为圣彼得堡提供食品援助，那么“1992 年 1 月到 2 月期间，圣彼得堡唯一的食品来源就是进口”，普京列出该市所需的食品种类，并表示城市里的一些公司和机构有待出口的物资，请求批准出口。信中普京还写明了待出口的物品种类和数量。[34] 简而言之，普京只是希望联邦政府在已经安排好的交易上盖章而已。私营企业家们已经列出名目，请求普京帮助他们用钢材换取食品。普京在写给艾文的信中并没有标明商品和食品的来源，更没有说是谁制定了这个计划。

虽然没有明确说明这些商品的产地，但根据商品名单中的铝、铜以及稀有金属，还有普京列出的钽、铌、铈、锆、钇、钆、钪和镱，可以推断出，这些商品来自一个资金匮乏的前苏联安全部门企业。在后苏联时期的俄罗斯经济体制下，这些和普京接头的贸易商涉入了一个即将成为经典生存机制的体制之中。

国有企业，特别是国防企业，通常会拥有大量的贵金属以及其他原材料储备（其中一些是企业的紧急或战略储备）。但在俄罗斯的新型市场经济体制下，国有企业却没有商业订单，这也就意味着他们没有现金支付工资和其他费用。因此企业董事长只能通过贩卖储备资源来获得资金。当时的俄罗斯市场萧条不堪，获得巨额利润的可能性微乎其微。换取硬通货的办法自然只剩下出口。这样就需要有人与国外签订合约，同时能够调动船只运送商品。除此之外，企业或者中间人都必须获得相应的权力（出口许可证）才能进行此类交易。通常情况下，由于极度缺乏资金，卖方都会以大幅低于国际市场的价格出售储备商品。

俄罗斯物产丰富，但是市场经济基础设施薄弱，而普京提供了从这种差距中盈利的机会。事实上，俄罗斯满是贵重物资，只不过被绝望的卖家掌控，他们没有机会实现手中物资的市场价值。在没有选择的条件下，这些卖家只能以低于市价的价格出售商品。对于那些有人脉能够将商品运往国外的人而言，得到合法的商品出口许可证，促成双方交易，能够获得巨大的利润。如果一切都按照普京的计划进行，那就是一个三赢的局面：中间人获得利益，普京为城市换取更多的食品，而拥有物资的国防企业等能够拿到维持运营的资金。

当然，问题就在于事情并没有按照预想的方向发展。萨里耶的委员会调查发现，很难找到任何有用的东西。合同起草得乱七八糟，是否有意而为之不得而知。最终谁拿到了这些石油和商品也毫无头绪。最重要的是，交易的最终目的根本没有实现——圣彼得堡没有获得食品（似乎其中一些食品运送到了莫斯科）。还有一个问题就是出口许可证。这些人使用了非法的证件，根本没有等待普京从莫斯科获得官方授权。

10年之后，就食品丑闻以及萨里耶的调查采访普京时，他否认了“违法”。他认为仅仅是“一些公司没有执行合约的主要条款——未能及时从国外购进食品，或者说没有购进足够数量的食品。他们罔顾了对城市的责任。”普京否认萨里耶所指控的个人腐败问题，不过他承认“市政机关未尽全力”。

我们需要与执法部门更密切地合作，并用“棍棒”鞭策这些公司兑现承诺。将其送上法庭没有任何意义，只是让他们消失在稀薄的空气之中。我们都还记得那段时期，到处都是虚假办公室，金字塔金融计划……这不是我们希望看到的，但是有一点必须澄清，我们（圣彼得堡市长办公室）

并没有参与交易，对外关系委员会也没有参与任何交易。没有买进，没有卖出，这里不是外贸组织，我们也没有权力批准许可证。[35]

这番言论尤其值得注意。首先要说的是，普京的委员会确实没有权力批准许可证，但是他们却这么做了。这也是玛丽娜·萨里耶以及市议会指控普京的原因。更重要的是普京对整件事情的应对方式。普京认为是私营商人欺骗了他和市民，但是政府方面对此却无能为力。当时，这件事令许多人认为俄罗斯市场经济风险巨大。然而，普京并没有拒绝私营企业，也没有说这次事件证明了优化正规法律体系的重要性，不然就不会出现“将其送上法庭没有任何意义”的情况。相对的，他强调不上法庭而是与使用“棍棒”的执法部门密切合作，这说明他意识到了应该使用非正规手段——作为克格勃的情报人员，普京在训练时早就学到了这样的手段。

即使没有人全面剖析过“食品丑闻”，此次事件仍能称得上是影响普京职业生涯中最深远的经历。普京和他的计划也没有在圣彼得堡处于危机时拯救这个城市。委婉地说，未来的俄罗斯总统——普京受到了欺骗。但是玛丽娜·萨里耶和她的同事却毫不留情地将普京判定为一个骗子——利用职务之便，帮助自己（他们认为普京也获取了私利）和他人中饱私囊。在很短的一段时间内，“食品丑闻”影响了普京的方方面面，甚至造成了市长办公室的巨大政治风波——索布恰克被召到莫斯科解释原委。这时，曾经与普京关系密切的人以及受过普京恩惠的人纷纷出面，才使他最终免于罢黜。

恩师索布恰克在莫斯科阻止了联邦审计长尤利进一步调查此事。而当时的年轻律师梅德韦杰夫——未来的俄罗斯总统，为普京作出了法律辩护，否认普京存在市议会指控的腐败问题。[36] 彼得·艾文（Pyotr Aven），另一个圣彼得堡人，代表俄罗斯联邦政府据实写了一封信，表明普京有权发行必要的外贸许可证来支持交易。[37] 随后艾文离开了俄罗斯政府，开始了在银行业内备受瞩目的生涯，很快就成为俄罗斯富豪之一[38]，并且相交满天下。此外，普京还获得了另外三个圣彼得堡官员的帮助。这些官员坚称他们看了萨里耶的报告和圣彼得堡市长办公室提供的文件，并没有发现普京有任何的不当行为。这三个人是时任俄罗斯安全局圣彼得堡负责人与内务部列宁格勒州负责人的谢尔盖·斯捷帕申（Sergei Stepashin），斯捷帕申的副手维克托·切尔克索夫（Victor Cherkesov）以及就职于圣彼得堡安全部门的尼古拉依·帕特鲁舍夫（Nikolai Patrushev）。斯捷帕申后来担任了司法部和内务部长，并于1999年担任国家总理。斯捷帕申如今是俄罗斯联邦审计署署长，也就是20世纪90年代尤利工作的审计部门，该部门曾第一个深入调查食品丑闻案件。[40]1998年普京担任俄罗斯联邦安全委员会主席时，切尔克索夫直接为普京工作，而后成为普京驻联邦西北地区（包括圣彼得堡在内的更大的行政管辖区域）的全权代表。切尔克索夫从此以后成为俄罗斯禁毒机构的领导。帕特鲁舍夫则接替普京成为俄罗斯联邦安全委员会主席，之后成为了俄罗斯联邦安全会议秘书。

在普京的职业生涯当中，处理圣彼得堡食品危机是他自己承担过的最大责任。只有1989年，仍是克格勃特工的他在德累斯顿应对群情激奋的人群那件事，可以与之相提并论。由于个人经历以及历史上列宁格勒在战争时期的饥荒状况，确保圣彼得堡的食品供应是一种意义重大的责任——普京对此感受颇深。普京作为生存主义者很清楚俄罗斯自然资源的重要性。20世纪90年代初期，国家并没什么钱，战略储备物资和金融储备也被耗尽了。但是俄罗斯总有商品，真正的难题是如何实现其价值。“食品丑闻”给普京上了非常重要的一课。在与不负责任的中间人交易的过程中，普京明白了仅仅是拥有资源或者能弄到资源还远远不够。如果这些资源不属于国家，或者国家没有足够的强制力去征用它们，那么它们所创造出来的价值会被轻易的转移。为了把商品直接变为价值这一特定目标，必须采取必要措施行使直接控制权。处理资源的关键不是掌握其实际存在情况，而是控制它的购买、运输、出售以及最终的收入。

食品危机背后的“商品换食品”是普京与私营企业进行的第一次真正

交锋。这不免影响了普京对待商人和商业的态度。尽管他出身克格勃，但普京依然是一个没有经验的城市商业中间商。他本以为能迅速完成，并且通过直接交易取得所需结果。他有钱，并且有在列宁格勒大学和克格勃积累的国际贸易理论知识。很明显，他可能是通过克格勃外贸关系认识了那些声称能获取资源并熟知国际市场交易的人。虽然可以利用地方政府的渠道进行这样的交易，但是过程会非常困难。可所有的努力还是都白费了。普京犯了一个大错误。普京的德国传记作者亚历山大·拉赫尔（Alexander Rahr）写道，普京直到食品交易失败之后，才意识到了他“过度信任”了私营商人。[41] 直到今天，普京似乎还认为他因“太轻易”相信别人而饱受折磨。在相距不远的2009年，当《彭博（Bloomberg）》的一个记者问及他性格中最大弱点时，普京很快用四个字回答了他——“轻信他人。”[42]

事实上，普京拥有与圣彼得堡商业领头人相抗衡的影响力。在“食品丑闻”之后，普京就建立起一种全新机制，以确保未来能够与私营企业家合作甚至控制他们。他四处搜集企业以及企业家个人的财务以及税务交易信息，并对这些数据进行密切监视。普京以副市长的身份要求企业家们直接到外务部注册，在“前任副手祖布科夫领导的当地税务检查机构的协助下”，正式检查所有企业的财政状况。[43] 尽管普京和维克托·祖布科夫一直努力掩人耳目，但仍然没有做到神不知鬼不觉。圣彼得堡市委成员亚历山大·别利亚耶夫（Alexander Belyaev）就曾书面指责过普京利用“秘密服务方法”控制圣彼得堡市的企业。

关键问题在于，普京和祖布科夫施加影响力的具体机制到底是什么？有很多人都认为他们在一定程度上对企业家进行了要挟。普京和祖布科夫收集到的财务资料证明了企业偷税漏税的罪行以及其他非法行为，因此普京和祖布科夫就可以利用这个理想武器，胁迫企业家按照市长办公室的意愿进行交易。他们只需告诉企业自己已经掌握了他们的犯罪证据，但是只要他们按照规矩行事，这些罪证就不会上交给执法机关。这就是别利亚耶夫口中的典型“秘密服务方法”。普京在克格勃就早已用过这种方法。

毋庸置疑的是，20 世纪 90 年代末，普京与在圣彼得堡企业家之间的渊源远远超出我们的所知。尽管这些背后的故事没有人能够看清全貌，但它们却预示着普京进入莫斯科之后的行事方式。尽管普京与祖布科夫的这个计划很早就已经制定完成，但是具体的执行时间却定在 1993 年年末，或者 1994 年年初。最关键的因素是祖布科夫升任为圣彼得堡税务机关的领导人。祖布科夫与普京在圣彼得堡以及莫斯科共同合作了二十多年，但是这段精彩的经历却从未在普京的任何一本传记中全面呈现过。

2007 年 9 月，普京开始精心策划“双人执政”计划，即卸任总统之后自己出任总理，而德米特里·梅德韦杰夫担任总统。为了保证计划顺利执行，时任总统的普京开始将总统的主要职权逐渐转移到总理手中，因此在这个敏感时期，担任总理的人选必须绝对值得信任。而能够担此重任的唯一人选就是维克托·祖布科夫。2007 年 9 月在瓦尔代国际辩论俱乐部酒会上，普京对维克托·祖布科夫的赞美之情溢于言表。普京指出，就祖布科夫的个人经历来看，他是一位“工作和生活经验都非常丰富的人，重要的是他是一位真正的专家，办事效率高，性格好，与此同时在生产方面经验丰富。”普京表示，维克托·祖布科夫是一位“尤其诚实的人”。他强调，祖布科夫担任的所有职位都是因为“他能力出众并且为人十分正派。我必须强调一点，祖布科夫从来没有辜负过我的信任，一次都没有”。

祖布科夫属于普京父亲那一辈的人，最早在苏联农业部管理农场。中央计划经济时期，他晋升为列宁格勒地区技术专家政治团体的上层人物。1992 年，他成为了圣彼得堡市市长小组成员，担任普京的助手负责处理“食品危机”。在企业家违背协议的时候，是祖布科夫利用他在农业部的关系为圣彼得堡争取到了食品。（祖布科夫在市长办公室的重要性还体现在，他负责为从东德撤回来的苏联红军军官分配农庄。）1993 年 11 月，在苏联当局一直担任农业部门管理人员的祖布科夫，一夜之间从“副手（普京）的副手”一跃成为圣彼得堡联邦税务院的负责人兼圣彼得堡地方税务服务机构的负责人。换言之，一个毫无税务、金融背景的地方官员突然成为圣彼得堡税务部门的一把手。但同样惊人的是，祖布科夫在征稽税务中非常高效廉洁，从不拖泥带水，在圣彼得堡树立起了良好的声望。根据一个记者的报道，祖布科夫因其座右铭而出名：“很简单，依法纳税，一夜好眠。”

在维克托·祖布科夫的帮助下，普京搜集到一些可以令公司和企业家身败名裂的资料。弗拉基米尔·普京通过帮助商人避开祖布科夫税罚的方式来控制他们。普京来到莫斯科与寡头政治执政者们打交道时，这个典型的保护计划成了普京的标志性方法。与普京打交道的关键就是做一个清廉的执行者。1999 年 8 月，弗拉基米尔·普京被任命为总理的几天前，祖布科夫被调任到莫斯科担任财政部副部长。而当普京从总理升到总统的位置上时，祖布科夫帮助他成立了俄罗斯财政监督机构，垄断了关于国家商业的敏感性财政信息。

普京之所以能在圣彼得堡执行这些计划，是因为他在克格勃的特工生涯中获得了特殊的技能。他在克格勃工作的 15 年之中，曾多次参加侦查和分析工作，但是普京的主要职责既不是间谍也不是分析师。直到 20 世纪 90 年代早期，他应克格勃的命令，开始在圣彼得堡市政办公室从事政府管理服务，普京才开始主要负责情报搜集，普京在此期间掌握了许多实用技能。普京在总统任职初期的一次采访中透露了内情，清楚地描述了这些技能。2001 年 6 月，普京总统特别在莫斯科为美国新闻机构的负责人举办了一场新闻发布会。时任《新闻周刊》莫斯科办事处首席记者克里斯坦·卡里尔（Christian Caryl）问了发布会的最后一个问题。既然普京为他在克格勃所接受的专业培训感到非常的自豪，那么在克格勃所接受的专业培训中，哪些技能对他作为俄罗斯总统最有帮助？普京强调了两个关键技能：

第一项技能就是如何与人合作。要想与他人高效合作，你必须建立对话、接触机制，并且能够发掘合作伙伴身上最有用的东西。如果你想取得成功，就必须尊重你的合作伙伴，把他转化成一个同盟，让对方感受到你们之间有着共同的目标。这是一项最重要的技能，和国内外事务息息相关。第二项技能就是如何利用大量的信息。从一大堆信息中挑选出最有价值的信息，对此进行分析处理并加以利用，这是一项在分析和其他特殊业务中长期培养起来的技能。

“与人合作”和“善用信息”一直是普京职业生涯中至关重要的能力。这也不是普京第一次提到令其引以为傲的技能。他的好友谢尔盖·罗尔杜金曾经在书中写道：

他一开始就告诉我他在克格勃工作，也许他不应该那么做。毕竟在这之前，他都对别人说自己是警察。我从来没问过他工作的事情。当然，我很好奇：这究竟是一份什么样的工作？我曾经问过他：“我是大提琴演奏家，所以不做外科手术，而是用大提琴演奏出美妙的音乐。那你呢？我知道你是情报人员，但具体在做什么呢？”他回答说：“我是处理人际关系的专家。”

“与人交际”或“与人合作”，在克格勃的术语里有着双重意义。一方面，它随时随地观察大众的思想状况，以便及时处理不满情绪。这是一种“焦点人群”方法，是19世纪20年代时期，沙皇秘密警察的创建者、最著名的军官亚历山大·赫里斯托夫洛维奇·冯·本肯多夫（Alexander Khristoforovich von Benckendorff）向沙皇尼古拉一世献上的著名计策。“他希望用这种方式防止再次发生十二月党起义。”[39] 冯·本肯多夫对沙皇说，他和他的同事会掌握人民的思想，并以此为基础，找出满足人民的方法。

另一方面，对于一个情报工作者来说，“与人合作”的最重要的功能就是要研究对手的心理。这对于招募和使用一个情报人员来说意义重大。情报人员要研究对手的心理、找出其弱点，并且明了如何利用这一切。对于20世纪70年代和20世纪80年代的普京和克格勃的所有人来说，理解“与人合作”的二重意义毫无问题。每个人都是研究目标，从特定目标到普通大众。

使命与恩师

食品交易不是唯一一件让普京感到被个体商人背叛的事情。当克格勃委派普京在索布恰克阵营里充当情报人员时，索布恰克本人也委派给了普京各种任务——包括政治任务。早在 1993 年，索布恰克就开始委派普京组织各种政治竞选活动。然而这些活动大部分都以失败告终，甚至从某种程度上来说像是故意这么做的，或者说结果与设想完全背道而驰。例如，索布恰克命令普京加入叶戈尔·盖达尔的政党——俄罗斯民主选择，并且负责 1993 年俄罗斯议会选举时为自己在各个城市组织竞选活动。但与此同时，索布恰克也有自己的政党，这产生了一个有点奇怪的局面——普京和索布恰克表面上属于同一个队伍，但同时领导了两种不同的自由民主选区的竞选活动。至于索布恰克究竟想让普京在“俄罗斯民主选择”中做什么，就没有人了解个中缘由了。不管他意欲何为，结果是盖达尔的政党在竞选中得到了大约 27% 的选票，而索布恰克自己政党的得票率却没有超过 5%。

普京在担任圣彼得堡副市长期间，经历了一系列的挫败以及暧昧的成功，而这种状态在新一轮俄罗斯议会选举中没有发生任何改变。1995 年 12 月，索布恰克又命令普京加入了“我们的家园俄罗斯”政党（NDR），这是由时任俄罗斯总理维克多·切尔诺梅尔金（Viktor Chernomyrdin）执政的俄罗斯“权力党”。普京成为了圣彼得堡市的地方领导，紧接着，切尔诺梅尔金将普京纳入了 NDR 政治局（或称“国家政治委员会”）。然而，在圣彼得堡的议会选举中，NDR只取得了第三名的成绩，落后于雅布罗科党(Yabloko party)和韦伯罗斯党（Vybor Rossii）。普京初次尝试步入政坛即遭遇了挫折，但这并没有阻止切尔诺梅尔金再次帮助他。1995年的议会选举刚刚结束，就开始了下一轮的政治斗争——圣彼得堡市长选举。圣彼得堡市长选举原计划于1996年6月——俄罗斯总统选举期间举行。

索布恰克立志连任市长之位，并任命普京为选举委员会主席。根据亚历山大•拉尔所述，普京提出了将选举提前四周举行的想法，如此就能缩短竞争对手的准备时间。普京的这一想法得到了莫斯科政府的同意，不过他花了更大的力气说服圣彼得堡当地的政治家。但是，这次选举最终还是搞砸了。他认为索布恰克的主要竞争对手应该是“极端”民主主义分子，像调查过圣彼得堡“食品丑闻”，而后又创建雅布罗科党的俄罗斯前任副审计长尤里•博尔德列夫。很明显，一旦尤利接任索布恰克并决定清党的话，将会对普京造成极大的威胁——尤利知道“食品丑闻”的内幕。因此，普京将此次选举的重点放在了对抗尤利身上。这使他忽略了前任圣彼得堡第一任代理市长弗拉基米尔•雅科夫列夫——最终胜选的候选人。[44]

回过头来看，很难想象普京怎么会忽略雅科夫列夫，即使他重点关注尤利的潜在威胁，也不应该犯下这样的错误。雅科夫列夫是普京以前亲密的同事，也是索布恰克团队的一员。他和普京、库德林•阿列克谢•列昂尼德维奇一起承担经济责任。他在市长选举中得到了一系列俄罗斯资深政要的支持。索布恰克曾于1995年12月议会选举中帮助过切尔诺梅尔金，作为回报，切尔诺梅尔金名义上支持索布恰克，但是莫斯科的其他权力精英们却反对他再次参选。前任克格勃军官，叶利钦的总统特勤部部长亚历山大•科尔扎科夫（Alexander Korzhakov），前任第一副总理，叶利钦再选团队的负责人奥列格•索斯科维茨（Oleg Soskovets），俄罗斯联邦安全局局长米哈伊尔•巴尔苏科夫，这个克林姆宫三人组正在寻找总统继承人，以接替身体抱恙的叶利钦。选举来临时，他们需要地方政府支持他们推举的候选人，而俄罗斯第二大城市——圣彼得堡的状况至关重要。克里姆林宫三人组知道，索布恰克永远不会跟自己成为同盟。而且一旦索布恰克连任圣彼得堡市市长，他也将成为竞选总统的有力候选人。所以三人组将目光投向雅科夫列夫。除此之外，索布恰克还遭到了另一个人的反对——铁腕市长尤利。尤利有意参加总统竞选，因此全力针对索布恰克，反而把雅科夫列夫视为可以拉拢的伙伴。[45]

雅科夫列夫获得了莫斯科的资金和政治支持。而索布恰克的宣传资金链在选举开始前两个月出现了断裂。随着竞选活动的深入开展，普京变得越来越紧张。普京向他的恩师承诺，会迫使那些从城市土地私有化中获利的商人公开支持索布恰克。普京将这些商人召集到了市政办公大楼，要求他们为索布恰克的竞选活动出资，但是遭到了拒绝。未能寻求到圣彼得堡商界精英的帮助，普京转而将注意力转向了小商人。他组织了一场会议，向中小商人筹集资金。不过，这又是一次惨败，因为索布恰克忘记了时间，没有出席会议。

当他看到一个著名的黑手党成员邀请了所有的小商人，要求每人给“市长竞选基金”捐献 2000 美元，成功筹集到了资金时，普京感觉自己彻底被羞辱了。[46]这位真正的“彼得堡律师”胜过了克格勃竞选负责人以及市长助理。也许索布恰克的缺席令普京感到尴尬，使得他无力再以市长的名义筹备计划。但从这一切之中获得的经验教训，绝对深深地刻在了普京心里。再与企业家们汇聚一堂时，普京不会再让他们发善心支持自己，而会像那个黑手党一样，使用真正强大的手段，让他们无法拒绝，哪怕只是有拒绝的意图，也要承担后果。

冷面背后的柔情

在普京众多的“特工”方法中，最能体现其特点就是他一直通过电视转播与俄罗斯民众进行互动，包括新闻发布会和 “热线”，即年度电视采访。俄罗斯民众可以听到普京如何回复普通人提出的具体问题。[47] 自 2004 年以来，普京和外国专家在瓦尔代国际辩论俱乐部年会上的问答也开始通过电视转播向民众公开，克里姆林宫官网和俄新社网站上甚至会提供俄语和英语的问答词。

这些会议通过一种全新的角度重新定义了冯·贝根道夫（von Benckendorff）早期提出的“目标群体”这一概念。不同于菲德尔·卡斯特罗的风格，普京没有在众多民众前大篇幅地演讲独白，普京总统采取“特工”方法。他直接与个人进行对话，有时能长达几个小时。普京像亲手招募人员一样去接近每一个互动者。他认为个人是原始情报信息的来源，他们的问题就是信息，他们的心态和关注点表明了他们的洞察力。他的回答是为了解决人们提出的问题，并用自己的观点说服他们。正如 2001 年 6 月普京向《新闻周刊》的记者克里斯汀·卡里尔所说的，从众多的信息中筛选出关键元素，然后加以处理并运用，这样的工作令他感到非常自豪。[48]

事实上，在初任总统时，普京就已经很清楚这些互动的目的。2001 年 12 月，在他第一次正式的热线节目上，他亲自将这种与俄罗斯人民进行互动的模式确定为“与人沟通”和“收集资料”的最佳途径。在 2001 年 12

月互动的过程中，一个打进热线的人褒扬了这种热线方式，并请普京做出评论。普京说：

事实上，国家领导人与人民之间的这种对话形式是前所未有的。但是，考虑到对话的需求，我相信人们能够接受这种形式，国家元首有义务与他的人民进行沟通，听取他们的意见，并即时做出反馈。我经常走访各个区域，我知道人们有这样的需要。我必须告诉你，这种模式不仅对咨询问题的人很重要，对我也很重要，因为我可以知道他们周围发生了什么事情，了解他们的心态。而且我还要告诉你，我们分析了收录的信息，能看出民众优先考虑的事情正在不断变化：昨天或前天可能会有一系列优先考虑的事项，而今天可能会变成其他优先事项。当然，我不能回答所有问题，因为我们每天能收到50多万个问题。当活动开始时，每天会有30万人打进电话。不过，我要感谢所有参与其中的人，因为他们为我们提供了一个良好的社会学基础，我们绝对会处理这些问题，并在我们的工作中考虑这些问题。[49]

普京向来电者承诺，他会“尽量确保这种热线模式不会就此而止”。自此以后，他每年都会举行这样的热线活动。普京强调说，每次活动尚未开始，电话就已经打爆了。克里姆林宫安排了大批的接待员及分析师来接听电话、记录问题，并进行提炼和分类，以确定人们都在想些什么。通过现场回答一些筛选出的有代表性的问题，普京向他的人民确保他和国家不仅能够解决他们的个人问题，还将解决大范围的群体问题。隐含之意就是普京将高度重视所有问题。人们无需通过民间组织或上街抗议来解决自己的问题。只需致电普京，他将为你解决。

这种热线模式诠释了菲利普· 博布科夫在书中所讲的“与民众互动”的两面性。正如鲁布佐夫斯克市津帕克上校与每个人进行一对一的互动，正如博布科夫邀请梅德韦杰夫一起品茶。基于这种热线模式，普京能与来到演播室的广大观众进行互动，广大观众也能在那里见证并参与会话，还有更多的俄罗斯人能在家里或工作场所看到这种互动形式。普京一对一地回答民众的问题，而观众只需要坐在家里的电视机前，甚至喝着热腾腾的茶。

值得注意的是，正如普京的许多传记一样，菲利普·博布科夫讲的主要是一些趣闻轶事，甚至有可能是杜撰出来的故事。我们无法确定这些事情是否真的发生过，或者事实真的像博布科夫描述的那样。但身为克格勃第五局的领导，博布科夫一定会将这些理论讲给20世纪70年代加入克格勃的新兵们听，而像普京这样的年轻军官也必然会铭记于心。在普京的各种言论中，引用类似言论的情况比比皆是。博布科夫和普京还有一个共同点——一厢情愿。这些故事都在强调克格勃特工的沟通以及劝说技能。他们很明显地故意忽略了一个事实：若是对话的另一方（招募人员的目标）不存在，这些所谓的技能将毫无用武之地，因为他们知道克格勃的友好安排可能会让自己在意想不到的地方待上很长一段时间——克格勃总部的地下室卢比扬卡（Lubyanka），Perm-36之类的克格勃监狱，或安德罗波夫最喜欢的精神病院。[50]

普京和博布科夫的成功，很大程度上基于他们无需使用威胁手段即可实现目标。成功地招募到新兵就是因为变相地传达了威胁。目标人物可能明确地理解了所传达的信息，但克格勃的情报人员应归功于自己完美的劝说。这就是“与人沟通”的本质。这种一对一方式的优势在于它适用于任何类别的目标人物，且适用于招募的任何阶段。它可以用于那些一开始就很友好的人、有价值的中立者、像罗伊·梅德韦杰夫一样的潜在敌人，以及双重间谍。根据这种类别划分，这一过程可长可短，手段发挥着至关重要的作用。

第三章

CHAPTER3

铁腕统治下的“普式”强权

尽管普京的治国之道有很多缺陷，但它使俄罗斯恢复了自尊，为未来的繁荣与改革奠定了基础。在它的发展过程中，我们外人最好闭嘴，不要乱提建议。那些建议有时是傲慢的、侮辱性的，经常是不得要领或毫无帮助的。

——前英国驻苏联大使　罗德里克·布雷思韦特

加冕前的时代强音

1996年8月，普京来到莫斯科的时候，俄罗斯国内正面临着深重的危机，国家在国际上的影响力也日渐式微。这些现实大大出乎那些上上层精英们的预料，一些国内的观察家甚至因此而担心俄罗斯会彻底瓦解。西方评论家三番五次地将苏维埃政权末期的这个国家描述成“武装着导弹的上沃尔特”[1]，这使俄罗斯上层怒不可遏。另一方面，俄罗斯在政治上一味选择保持原状，以免招致更多羞辱。然而，俄罗斯政治范围内的每一个政治团体和党派都认为，后苏维埃时代的分裂局面已经远去，因此，他们提倡重振俄罗斯的“国力”。就连叶戈尔·盖达尔身边那些（于1992到1993年间）极力主张分裂旧苏联经济的自由主义经济学家们也转移到这个方向上来。[2]

20世纪90年代末期，俄罗斯的上层精英们迫切地希望重振俄罗斯，并达成了一致共识。普京执政后，立即全力解决国家政局动荡的问题。他十分清楚，没有一个稳定的政治局势，国家的发展就找不到出路。而他为了解救俄罗斯混乱局面而做的一言一行，恰好与俄罗斯上层精英们的共识不谋而合。因此普京优先采纳的大多数国内政策和国外政策，都得到了同时期俄罗斯政治高层的支持。21世纪，弗拉基米尔·普京所要做的就是通过报刊栏目和政治声明，整合各方关于如何应对国家危机的意见，以形成所谓的“普京主义”。这个主义中就包括重新建立一个更具权威的集权制国家机关——也就是所谓的“垂直权力体系”，以及采取更加坚决的对外政策，尤其针对邻邦和其他叶利钦时代经历衰退的地区。[3] 尽管普京没能明确表明自己担任总统期间能够采取哪些具体的措施，但是他的思想来源于 20 世纪 90 年代政治辩论中的保守派人士，也终将会付诸实践。

了解普京的个性，有两个关键点。第一，普京认为自己代表了国家的利益，第二，他是一个中央集权论者。在普京眼中，自己也是那群渴望复兴国家的民众中的一员。弗拉基米尔·普京公开表示自己是中央集权论者，他一再声明“俄罗斯自建立伊始就是一个超级的中央集权国家，这一点已经深深地植根于俄罗斯的遗传密码、传统以及民众的思想之中”。在就职俄罗斯总统之前，普京就曾在自己市长演讲以及重要政治声明中，提出了自己对重建国家的展望。此番声明为“普京时代”做好了准备。

1999 年 12 月 29 日，俄罗斯政府官网上发表了一篇由普京总理签署的、长达 5000 字的报告。该报告题为“为俄罗斯正跨入新千年致辞”。两天后，俄罗斯总统鲍里斯·叶利钦出现在国家电视台上，宣布自己要辞去总统职务，并将总统大权交到普京手上。随后，这篇发布在互联网上的报告就被称为“千年致辞”。这其实是普京担任总统的就职宣言，它系统地规划出普京开创的政治体系。

普京在这篇宣言中说道：纵观历史，俄罗斯民众是由共同的价值观紧紧联系在一起的，也是因为这个价值观而与世界上其他国家的人区分开来。如果我们失去了这个价值观，如果民众不再团结，那么俄罗斯就无法保全其在世界上的大国地位。这就是普京在千年献辞中的主要思想。普京表示，叶利钦改革时期，俄罗斯民众享受到了前所未有的人权和自由，他们可以随意发表言论，也可以随意出国旅游。这些普世价值观本身并没有问题，但是它们却并不属于俄罗斯这个国家，也不是复兴俄罗斯所必需的元素。而那些与生俱来的俄罗斯价值观才是普京口中“俄罗斯理念”的核心，例如爱国主义，集体主义，团结主义，以及俄罗斯必将成为海内外有影响力大国的信念。

俄罗斯不像美国和英国那样，历史上就有自由的传统，普京还说道：

对于我们来说，国家的组织和机构总在国家和人民的生活中起着格外重要的作用。而对于俄罗斯来说，别人不会因为它强大，就把它当成怪物来对抗。恰恰相反，它是秩序的来源和保证，是一切改变的支持和动力……社会希望重塑俄罗斯在世界上的领导者以及协调者的角色。[4]

普京承诺要恢复俄罗斯的大国身份。他认为自己是政治家，是国家的建设者，也是国家的仆人。这个政治家，是一个相信俄罗斯必须成为、也终将成为世界强国的人，他在俄罗斯国内引起了强烈反响。所以这个词并不代表普京醉心于政治统治。所谓“政治家”并不是指代表特定集团或者选民利益、受不同信念驱使的政客。它是指被选举或者自荐，来为国家长久服务，并且把全部信念都寄予这个国家的人。

同样，国家具有非常特殊的含义。在俄罗斯，国家和个人之间的关系与西方国家有很大程度的不同。在美国，国家的存在是为了保护个人权利。而在俄罗斯，国家是需要公民来捍卫的，但是保护公民却并非国家的义务。对于俄罗斯人来说，国家的利益永远放在首位。国家是一个独立的整体，不论是国家还是社会，都应当且必须把国家及其利益放在第一位。这就是普京在“千年致辞”中领悟到的“国家利益至上”的精髓。

“削藩”“肃寡”，再立强权

叶利钦时期政治体系混乱的前车之鉴在前，普京在涉政之初就立即提出强化国家政权的主张。在普京看来，中央权力分散是俄罗斯种种弊端的根源。在此秩序下，俄罗斯才会出现犯罪、腐败盛行，寡头权力膨胀，地方政府各自为政的混乱局面。因此任职期间，普京重点从公关行为入手，将整个政治体系最大程度上中央集权化。他大刀阔斧地进行政府改革，毅然将权力收回到总统手中。改革之后，政治体系的合法性和稳定程度完全取决于普京的个人名望。俄罗斯的经济和政治体系都带上了私有化标签。重要的决定只能由普京的亲信做出，有此权力的人也只有二三十个。体系最高层则由一个关系更加密切的核心圈构成，这个圈子由六七个人组成，圈内人都与普京关系密切——从圣彼得堡到莫斯科，二十多年来他们一直与普京一起共事。真正的决策权就掌握在这些人手中，他们的存在不同程度地削弱了俄罗斯官方政治机构的权力。

在这样的政治体系内，普京成为了“俄罗斯集团”的CEO。事实上，他的领导方式颇有黑手党家族的风范。大家相互依存，并且共同依赖这个非正式的体系，反过来，体系允许他们谋取名望地位，寻获额外津贴，享受大量特权。这一集团在建立标准时往往是迫于强大的利害关系，并没有明确的动机。核心成员们搜集对政府内外要员们不利的资料（俄罗斯的污点材料），向他们施加压力。普京掌管下的俄罗斯集团不是一个公开透明的国营企业，而是一个由特定人群秘密做决策的私有公司，它并不对核心圈以外的人负责。如今，这个大型集团的经营方式却受到了一部分人的质疑。2011 年 12 月俄罗斯议会选举结束后，有俄罗斯民众走上莫斯科、圣彼得堡以及其他一些城市的街头，他们强调公民与国家利益息息相关，要求普京对俄罗斯集团的衰落作出解释。

2000 年，普京第一次出任总统后，他身边的核心团队为他建立了诸多机构，专门在俄罗斯各种社会、政治选民之间组成反馈圈，严格听取公众的意见。普京和他建立的政治体系，通过定期的议会和总统选举获取合法认证，然而克里姆林宫却杜绝政治竞争。克里姆林宫通过积极支持主要政党“统一俄罗斯党”来控制反对党，依靠排斥有号召力的独立政客或者其他公众人物来做到这一点。

除了地方政府各行其是，叶利钦时代还造就出一个寡头阶层。20 世纪 90 年代，那些寡头政治执政者虽然拥有巨大的财富，却不断面临着来自公众的威胁。因为大多数民众不认可由他们掌管国家的大型企业。与此同时，那些寡头政治执政者们还成为彼此的威胁。他们不断掠夺彼此的业务，相互之间的信任荡然无存。由于他们努力不受政府控制，因而，政府也不再是能够保护他们财产权的机构。最终，他们只能靠各自的力量保护自己，而财政状况是他们最大的弱点。[5] 在这样的环境之下，寡头政治执政者们唯一可以采取的措施就是大家利害相关，牵一发而动全身。于是他们开始挖掘能够控制彼此的潜在信息。他们相互威胁、相互勒索、相互牵制，这在游戏理论中被称为“制衡”。换句话说，脆弱的平衡总比战争好。

为了维持这种平衡，寡头政治执政者们不得不花费大量的精力和资源牵制竞争对手，而这些东西原本可以用来运作公司、赚取更多利益。可是，这样的平衡很容易被打破，内部纠纷也容易失去控制，整个体系随时都有崩溃的风险。为了维护自身利益，寡头政治执政者们需要一个仲裁者，一个完全公正的代理人。这个人永远不会成为他们的敌人或者另一个寡头，而且他足够强大，能向各方施加压力，维护和平。事实上，这个仲裁者确实成功控制了所有寡头政治执政者，平息了他们的怒气，让他们承诺互不侵犯。当时如果国家不能加强法律的强制性，无法牵制寡头，那么必然会有其他人或者其他组织介入。[6]

那些寡头无权任命什么人做自己的仲裁者，而仲裁者本人已经张开翅膀耐心地等待着他们。普京在总统办公厅搜集了很多寡头们的财政状况和交易信息。到 1998 年 5 月，普京已经成为总统办公厅副主任，负责与各地区接洽，同时监督总统办公厅。1998 年年底，普京当上俄罗斯联邦安全局的负责人后，便开始清理俄罗斯联邦安全局经济犯罪部门的领导层，安插自己的亲信。此外，普京还让之前在内务部任职的亲信维亚切斯拉夫·索尔塔格诺夫（Vyacheslav Soltaganov）代替税务警长一职。

1999 年 4 月，普京实现了对全国财政信息的完全掌控。担任总统之后，他于 2001 年成立了一个新的监督机构——俄罗斯财政监督局（RFM），并交予维克托·祖布科夫掌管。2007 年 9 月到 2008 年 5 月，祖布科夫出任临时总理期间，仍然负责领导这一监督部门。即使 2012 年，祖布科夫成为普京的第一副总理，俄罗斯财政监督局仍然处于他的领导之下。自俄罗斯财政监督局成立以来，这一部门一直都直接向普京汇报情况。2012 年 5 月，普京重归克里姆林宫，俄罗斯财政监督局也随他一同进驻。

1999 － 2000 年年间，普京进驻俄罗斯最高办公室后，首先充当起了寡头政治执政者的保护人。他一再向寡头们保证，不会剥夺他们的权力。1996 年，寡头政治执政者为了获取营业资本，曾经与叶利钦做过一项交易。普京看到了交易中的诸多限制因素，因此他提醒那些寡头政治执政者，有些俄罗斯人并不认可由他们掌控国家大型企业。2000 年 2 月，普京宣称俄罗斯的商业已经达到“权力均衡”。[7] 寡头们无法像之前一样在俄罗斯联邦赢取信誉，不得不收拾残局。这时对他们来说，最重要的就是与普京领导下的克里姆林宫保持良好的关系，这么做并不是为了保留自己的影响力，而是为了防止自己因非法侵吞而获罪。[8]

2000 年 7 月，普京在电视会议中为寡头们制定了一个计划，这个计划从本质上来讲类似于“保护伞”。他利用自己招募间谍的手段为寡头们制定了协议：寡头政治执政者可以继续赚钱，可他们必须认可一个能为联邦政府提供更多收入的税制。他们绝不能再像过去那样试图改变税制，否则的话自己承担后果。此外，普京和国家要求他们在国外从事经济活动时，务必积极考虑俄罗斯的国家利益。这样一来，他们就变成了受到国家约束的私企。他们的财权仍受制于克里姆林宫。总统助理弗拉迪斯拉夫·苏尔科夫（Vladislav Surkov）对一名俄罗斯记者解释道，这个方法既能稳住寡头政治执政者，又将他们紧紧绑在一起。苏尔科夫对叶琳娜·特列古波娃（Yelena Tregubova）说，普京和他的团队明白，他们不能驱逐寡头政治执政者，另外寻找一群人来接管他们的公司。因为在2000年，俄罗斯国内还没有那么多有实力的企业家。商人团体“非常稀少、非常珍贵……他们拥有资金、知识和技术”。从诸多方面看，俄罗斯的寡头政治执政者们就像他们的资产一样，需要国家谨慎对待。苏尔科夫认为“那些石油家们并不比石油廉价，国家最好能将两者充分利用起来。”[9]

应对寡头政治执政者们的新计划非常复杂，可是这与普京在克格勃接受的特工训练完全相符。在克格勃里，普京曾学过怎样鉴别、启用甚至培养特工，以及怎样培养获取资源的耐心。同时，他还学会了如何收集、分析并利用信息。他于1996年来到莫斯科，将这些技能付诸实践。他在总统办公厅里垄断信息，最终获得了大量的权力和影响力，一路攀援至俄罗斯的顶峰。

为了俄罗斯而和解

幸运的是，1993年普京既没有在克里姆林宫的墙边，也没有在白宫的墙边。叶利钦在和议会一决胜负时，他只是一名旁观者，还坐在圣彼得堡市长办公室里。然而，普京当时的上级阿纳托利·索布恰克，正是新俄罗斯宪法的起草者之一。[10] 实践证明，这部宪法对普京未来的总统生涯具有极其重要的意义。叶利钦炮轰议会大厦，迫使议会屈服并通过了一个宪法草案。该宪法草案在制定国家政策以及外交政策方面赋予俄罗斯总统以及行政部门更多的权力。最终，叶利钦的新宪法，将他以前为限制议会权力而做的一些事（除去他采取的军事行动）实现了合法化。对于每一位想要确保在俄罗斯政治生活中身居高位的总统——包括普京——来说，新宪法都是一个潜在的有力工具。

俄罗斯在早期历史上曾尝试创造一部新宪法，而1993年的俄罗斯宪法就源于早期的尝试。尽管人们对于其他一些国际观念和宪法模式进行了大量探讨，可是新宪法仍根源于沙俄晚期提出的观点。1993年俄罗斯宪法的创始人之一谢尔盖·沙赫赖（Sergei Shakhrai）后来宣称，俄罗斯宪法竟然丝毫没有参照西方宪法模式，这确实是个“谜”。不过，还有这样一个事实：俄罗斯总统被认为是“可与英国女王相提并论的俄罗斯国王”。[11] 当然，大英帝国并没有一部现代意义上独立成文的宪法，而且英国君主也不具有实权。俄罗斯总统对于宪法的信奉远远超出美国和法国领导人。

1994年初，议会遭到攻击后不久，俄罗斯正式通过新宪法。随之，一些传统的俄罗斯政客汇聚起来，成立了一个政治组织——“为了俄罗斯而和解”，又名“和解运动”。在一场名为“向俄罗斯市民致辞”的运动中，和解运动的组织者们承诺“要恢复俄罗斯的国家主导能力，规范国家市场，保护国家财富，为俄罗斯在后工业化未来取得突破创造条件，打击犯罪，解决失业和饥荒，让每一位市民的生活水平都有所提高。”[12]

在普京担任总统期间，那些提出和解的政治家们都很活跃。他们的领军人物包括：前任对外经济关系部部长谢尔盖·格拉季耶夫（Sergei Glaziev）（他于1993年成为俄罗斯议会的一员，并于2003年成为民族主义“祖国”党的创始人之一）、共产党领袖根纳季·久加诺夫（Gennady Zyuganov）、前俄罗斯宪法法院院长瓦莱里·佐金（Valery Zorkin）（自公开发表声明反对叶利钦攻击议会后，他就辞去了职务）。俄罗斯高层的另外一些支持该项运动的知名人士包括：尼基塔·米哈尔科夫（Nikita Mikhalkov）（他后来成为普京总统的忠实拥护者）、前副总统亚历山大·鲁茨科伊（Alexander Rutskoi）（他是炮轰议会的幸存者）、亚历山大·齐普科（Alexander Tsipko）（苏联时代，米哈伊尔·戈尔巴乔夫的政治哲学家兼顾问，后成为戈尔巴乔夫基金会的项目主管）、前苏联导演斯坦尼斯拉夫·戈沃鲁欣（Stanislav Govorukhin）（他是俄罗斯杜马中的主要保守分子）。由于参与这场运动的政治团体的本质不同，再加上参与其中的个体也有不同的政见，因此它只是昙花一现，很快便失去了凝聚力。除了重建国家，和解运动的核心观点就是开创一场包罗万象的运动，召集精英人士。即使和解运动已经偃旗息鼓，可是，复兴大国和它的核心观点仍会产生巨大反响。[13]从诸多方面讲，普京于1999年12月29日发表的“千年致辞”可被看作是对和解运动的共鸣。

之后几年，俄罗斯国内出现了一种设想，希望寻求一种能将各个政治派系拉拢到一起的国家意识，让俄罗斯摆脱危机，但国内高层却因为这种设想争论不休。普京在“千年致辞”中将“俄罗斯意识”提出来之前，这种设想就得到了许多人的支持。第一批拥护者包括学术一流的军控专家安德烈·科科申（Andrei Kokoshin），他从1992年到1997年，担任国防部第一副部长。1995年，科科申发表了一篇关于俄罗斯国家安全和“军事势力”的文章，他在文章中称，没有全新的国家意识，俄罗斯就不可能实现复兴。[14] 他还在这篇文章以及随后的一则发言中提到：“我们社会中那些最活跃的分子——政治家、学者、新闻工作者、公务员、党派领导、工会活动家、企业家，尤其是行业领导者和普通工人，已经意识到了寻求这种观念的重要性。”[15] 这和弗拉基米尔·普京在“千年致辞”中提到的“社会希望重塑俄罗斯在世界上的领导者和协调者的角色”是一个意思。

在1996年俄罗斯总统大选前后，亚历山大·列别德将军选取同样的主题作为他的政纲焦点。列别德在一系列演讲、访谈和文章中强调，通过形成统一的国家意识[16]，使俄罗斯拥有“大国权威”，这点非常重要。俄罗斯共产党也在1995年的议会选举中宣称自己是“为重建俄罗斯大国地位而生的政党”，他们还将以重建国家为重要政治目标。[17] 根纳季·久加诺夫在1997年的年度俄罗斯联邦共产党大会中作了报告，他在报告中称“重获人民的力量，让破碎的国家再生……是达成国家共识的基础……”久加诺夫还说，“上千年来，俄罗斯人民明白了什么是国家精神、国家力量、正义和集体主义。俄罗斯的历史向我们证明，如果忽视其中一种品质，都可能招致剧变……我们有信心——俄罗斯将会强大起来，走上社会主义。”[18] 抛开他提到的“社会主义”俄罗斯外，久加诺夫1997年的报告内容，本该由普京在1999年12月之后提出来。

重塑“俄罗斯之魂”

1996 年 7 月，叶利钦领导下羸弱而又危机重重的政府发现，拥护和支持国家意识的俄罗斯民众人数众多，于是他们开始就此采取行动。叶利钦任命乔治·沙塔诺夫（Georgy Satarov）为总统助理兼政治思想家，带领一批学者和分析家，对有关该问题的资料进行筛选。叶利钦要求他们在千禧年——2000 年之前，找出对策，形成新的俄罗斯意识。[19] 叶利钦在宣传自己的决策时说道：“20 世纪的俄罗斯历史上，经历了许多个时期——君主制时期、集权主义时期、政治经济重建时期，最后走上了民主发展之路。这其中，每一个阶段都有其特有的意识形态……（可是现在）我们却没有。”[20]

不幸的是，这些人在寻求俄罗斯意识的道路上并没有取得太多进展。到了 1996 年年末，乔治·沙塔诺夫提出了一些模糊的参数，以及建立新的国家意识时尤其需要警惕的几个地方。他建议国家意识既不能“在知识上太抽象”，也不能将政治、民族和宗教排除在外。[21] 考虑到俄罗斯联邦的多民族性，他还提倡照顾每一方的利益——共产主义者、自由主义者、穆斯林、犹太人，等等。然而之后，沙塔诺夫等人就从公众的视野中消失了。1997 年 8 月，他们宣布行动失败。结果是，他们并没有找到开创新俄罗斯意识的对策，只是拟定了一个大体的纲要。[22]

1996 － 1997 年年间，虽然沙塔诺夫等人在寻找新的国家意识上没能有所作为，但是这期间出版的一本书却对生成国家意识产生了重要的影响。

那就是伊戈尔·丘拜斯的《俄罗斯人眼中的新俄罗斯》一书。伊戈尔·丘拜斯的弟弟阿纳托利·丘拜斯（Anatoly Chubais）是一名自由经济改革家，也是当时俄罗斯总统部门的负责人。伊戈尔·丘拜斯一再研读并综合了俄罗斯历史上的经典著作和有关俄罗斯哲学思想的书籍，以及 1992 — 1996 年年间与“国家意识”这个主题相关的其他出版物。于是他就俄罗斯意识问题设立了一个“一站式服务处”，并称其可以将“过去、现在和将来的向量”合并在一起。伊戈尔·丘拜斯提议说，新的俄罗斯意识一定是植根于俄罗斯历史和文化深处的价值体系的。此外，他尤其强调历史的衔接，并指出苏联解体后，俄罗斯是这片领土上建立起的第三个国家。另外两个国家是改革以前的俄罗斯和苏联。新的俄罗斯并不是帝国时代、或是苏联时期俄罗斯的复制品，但是，它需将这两个时期的俄罗斯进行部分整合。与此同时，丘拜斯还反对开创一种新的苏联式的意识形态。他认为，应该开创一种共同拥有的、能积聚“社会中一切健康力量”的俄罗斯意识。

尽管没有直接证据显示，这本书就是普京“千年致辞”中核心意识和俄罗斯意识的本来面貌，可是它们在观念上和实质上竟有着惊人的重叠之处。如沙塔诺夫所说，丘拜斯的书于 1996 年，也就是普京来到莫斯科的第一年出版。伊戈尔·丘拜斯提出的三个观念对开创俄罗斯意识、建立新的俄罗斯国家（俄罗斯历史、俄罗斯语言和俄罗斯宗教）来说非常重要，同时这也是普京在 21 世纪中不断重复提倡的主题。

1996 年，在杜马举办的听证会上，以弗拉基米尔·日里诺夫斯基（Vladimir Zhirinovsky）和当时的俄罗斯社区大会（KRO）会长德米特里·罗戈津（Dmitry Rogozin）为代表的俄罗斯民族主义者们呼吁通过国家法律来保护“俄罗斯民族”（russkost），并推动其复兴。在听证会举办后的几年中，日里诺夫斯基和罗戈津继续提倡在俄罗斯意识中倾注更多民族成分，并且要求制定有关俄语、俄罗斯文化、俄罗斯教育、俄罗斯学校和俄罗斯精神观念的律法。此外，1997 年 1 月，俄罗斯东正教代表和内务部之间就俄罗斯意识问题召开了同样的会议，此次会议引来了阵阵呼声，代表们呼吁重建正统观念，使之作为国家政策的官方意识形态和方法。东正教代表们认为，正统观念是“俄罗斯意识”的核心精髓，它能填充俄罗斯社会上精神与意识形态的空缺。内务部则认为正统观念是酗酒和犯罪的潜在克星。出席此次会议的人员中，只有导演尼基塔·米哈尔科夫指出，一旦东正教教义（也就是正统观念）演变成国家教条或者政策，那么它很快就会失去精神意义。

意料之中的是，不仅是内务部，连克格勃都积极参与讨论并解释这一时期的俄罗斯意识。20 世纪 90 年代，在克格勃圈子里，拥护东正教成为了一大潮流。从克格勃退休后几年，尼古拉·列昂诺夫（Nikolai Leonov）于 1995 年成为一档著名电视节目《俄罗斯大厦》（Russkiy dom）的政治评论员。该电视节目还在同期发行了一套杂志。另外，该节目被广泛视为“东正教的民族主义节目”，而列昂诺夫也被视为日里诺夫斯基和罗戈津提倡的民族主义俄罗斯意识的积极拥护者。列昂诺夫甚至还作为俄罗斯大众联盟（Rossiyskiy obshchenarodnyy soyuz 或者 ROS）的成员参与了 1999 年的俄罗斯议会选举。该联盟是一个民族主义党派，当时的头领是俄罗斯杜马的副发言人谢尔盖·巴布林（Sergei Baburin）。2001 年，在《俄罗斯特种部队》的采访中，列昂诺夫称，依我看，其实弗拉基米尔·普京“广义上……也算是《俄罗斯大厦》的学生”。他说，对于像他一样的俄罗斯“专业”爱国人士来说，普京是“被我们寄予了希望的总统”。[23]

作为俄罗斯总统，普京希望在他的俄罗斯意识中形成一种团结的情感——如乔治·沙塔诺夫建议的那样，要把每一个人都包括在内——不能排外，也不搞分裂。普京在他的“千年致辞”中明确地提醒道，随着新的国家意识形态的形成，有可能出现又一场社会分裂（raskol）。他甚至直接向那些要求塑造新意识形态的政治家、时事评论员和学者们表示：“我反对以任何形式在俄罗斯开发国家和官方意识形态。”[24] 他强调，只有大多数俄罗斯民众——不仅仅是俄罗斯的民族主义者——在自发的基础上形成支撑着国家的坚定意识，社会根基才能够稳固。从诸多方面讲，自 1996

年 7 月叶利钦提出重塑俄罗斯意识，这个问题唯一的突破就是普京在“千年致辞”中提到的理念。叶利钦要求这个对策在 2000 年总统大选之前制定出来，然而最终提出对策的却是后来出任国家总统的弗拉基米尔·普京。

强国梦淬火而生

虽然叶利钦政府未能找到新的俄罗斯意识，但是却就国力、或是国威问题形成了一套重要说法，而普京在21世纪的主要思想正是基于这些说法。这是1997年3月叶利钦总统年度报告中的主要内容，这篇递交给议会的年度报告名为《使命》。叶利钦在《使命》中强调了重建俄罗斯秩序和强化国力的重要性及相应方法。尽管为了国家的发展壮大，普京对于《使命》中的法律和秩序方面采取更为保守的“旋转方式”，可是就如伊戈尔·丘拜斯的小说一样，这份文件是普京后期政治声明的重要资料来源。与此同时，《使命》和其他一系列相关正式文件，在普京1997－1999年年间的掌权之路上扮演了重要角色。

《使命》是由另一个丘拜斯起草的——伊戈尔·丘拜斯的弟弟阿纳托利·丘拜斯。当时，他处于俄罗斯国家的领导高层，但尚未正式掌权。[25] 鲍里斯·叶利钦在总统选举两个回合的间隙中，心脏病不时发作，身体状况时好时坏。1996年秋天，他进行了心脏搭桥手术，只能静养等待最终康复。[26] 1997年3月复出后，叶利钦做的第一件事就是发表了他的《使命》。对于这个国家来说，这是一次非比寻常的演讲。演讲没有提及任何政府的成就，也没有描绘宏大的国家蓝图，只是正式宣布成立沙塔诺夫集团。演讲中没有过多提到对外政策和国防政策，只是简要指责了北约扩张的做法。此外，《使命》还是一次非常详细的演讲，它声称，国家出现了政治混乱，政府有权管理，并鞭辟入里地分析了其重要性。该演讲的主要内容就是，1997年，俄罗斯面临的重大危机是国家权力（vlast）过度衰弱。“有一点非常清楚，”他强调，“那就是，俄罗斯需要秩序。可是在建立秩序之前必须先回答两个重要的问题：建立什么样的秩序，怎样建立这样的秩序？”叶利钦继续说道，“最近的形势之所以会这样，是因为我们有太多的政治分歧，为了避免冲突，我们需要相互协作。如今，情况已经改变了，我们可以进行彻底的改革……建立秩序最有效的方式是首先完成秩序赖以生存的基础建设。”

当时总统演讲的总结如下：

在建立新的经济秩序和新的政治体系过程中，我们面临的主要障碍是政府办事效率低下……只有率先在国家自身的机制中形成良好的秩序，才有资格谈论整个国家的秩序……只有高效、强大的政府，才能作出明智的决策，才能确保自身能够遵照义务积极贯彻各种方针决策，这里所说的义务就是：发展强项，扶持弱项……[27]

20世纪90年代，阿纳托利·丘拜斯、叶戈尔·盖达尔，以及其他一些自由经济改革家着力于释放出自由市场的力量，集中精力拆分已经瓦解的苏联，并且解除对它的控制。他们并不执著于不朽的独立势力和永恒的“国度”，在他们眼里，这些只是国家的神化。然而俄罗斯全国各地的寡头政治执政者和地区领导们都面临着机构混乱不堪、全民追求个人利益的困境，因而他们无法继续推行改革。那些自由改革家们此刻终于意识到国家已经脆弱不堪。他们需要重塑国家机关的能力、夺回政府的权力，即便他们想要的只是在改革实施之前，国家能够更好地发挥作用、更好地扮演监管的角色。然而，要把国家建设成为这样的强国，重中之重就是要确保俄罗斯领导层和俄罗斯政府自身得到加强。这也是《使命》中的一种理念。

同时，《使命》中还强调（普京之后在他的“千年致辞”中也会提到），俄罗斯社会迫切需要整顿秩序。而整顿秩序最好的方法就是完成政府已经开始进行的改革。从建立政府秩序着手，将改革落到实处，才能促进国家秩序的形成。《使命》详细谈论了国家在经济中扮演的角色："要建立有效的市场经济，仅靠个体自由行动是不够的，还需要严格的法律秩序。在一切经济活动都遵守这个法律的前提下统一一致，稳步前进。国家的任务就是建立这些准则，并确保各行业严格遵循。"最后，《使命》还批评了负责保障经济活动有序进行的国家监督机构。它们本质上并没起到什么作用："不受法律约束的权力是危险的，而不支持权力的法律也是无效的。前者在历史上已被屡次证明，而后者，如今的局面就是最好的证明。"[28]

《使命》中提到了法律，这又是一个非常重要的方面。阿纳托利·丘拜斯和他的团队希望通过法律建立市场经济新原则，并且为执行这些原则提供方法。他们希望把所有的改革拉回正轨。2000年，普京担任临时总统后，同样强调法律的重要性。他把法律当成一种重要的手段，用来控制、约束或者禁止经济、政治和改革。这种想法产生于他与阿纳托利·索布恰克长期共事的那些年。尽管索布恰克被视为20世纪90年代俄罗斯民主人士的领军人物，可对法律的看法却并没有政治观念那样自由。[29]在苏联时代和20世纪90年代期间，索布恰克在他的法律著作中写道，建立"法治国家"（pravovoye gosudarstvo），是保守党对共产党的一种反叛形式，据他描述，"法治本身就可以代替所有的政府机关。"[30]普京在任期内时常提及"法治国家"的概念，它高居一切政党和机构组织之上，而且它的权力也得到了国家的保障。

2000年1月13日，圣彼得堡大学授予普京荣誉学位。普京曾在它的前身列宁格勒大学师从索布恰克学习法律。从普京的演讲可以看出，在法学院度过的这段时期对他产生了深远的影响，他说："像我这样投身于国家建设的人认为，计划一定要建立在一定的原则之上。而这些原则……十多年来，我正是在圣彼得堡大学法学院中形成并发展起了这些原则。"[31]2000年1月——普京掌权的第一个月——普京强调，要贯彻落实1993年宪法中提出的原则，而索布恰克就是这些原则的主要起草人。面对一连串的恐怖袭击，同时还要面临与车臣的二次战争，普京发表了一系列演讲。演讲中，他将俄罗斯宪法放在了俄罗斯反恐战争的核心位置。同时，他还指出俄罗斯宪法是集中国家权力和发展国家经济的核心工具。普京声明，要建立法治国家，唯一的方法就是——“让俄罗斯强大起来”。[32]

2000 年 2 月，阿纳托利·索布恰克去加里宁格勒支持普京竞选总统时，突发心脏病死于途中。索布恰克的死让普京大为震惊，对他造成了沉痛的打击。最初是克格勃指派普京协助索布恰克工作，可他与这位市长却早就结下了不解之缘。索布恰克在普京的一生中扮演着非常重要的角色，他是他的知己、顾问、教授和上司。索布恰克死后几天，普京重新振作，并在一封写给选民们的公开信中，再次详细阐述了索布恰克关于建立法治国家的核心观点。这封信表明了普京对法治和民主的看法，以及他用法律来约束并管理俄罗斯民众的构想——“但是，民主是法律的专制（diktatura zakona），而不是执法者的专制……警察和检察官要为法律服务，而不是将法律赋予他们的权力‘私化’，更不能利用这些特权谋取一己私利。”这封公开信就是普京开始运用法治手段强国的标志。在此过程中，普京需要争取一些诸如阿纳托利·索布恰克这样俄罗斯法律领域重量级人物的帮助。这些人坚信，将俄罗斯建成一个强大的法治国家对俄罗斯未来的发展至关重要。而在这一群人中，关键要数俄罗斯宪法法院院长瓦列里·佐金，谢尔盖·格拉季耶夫和根纳季·久加诺夫，他们都是 1994 年为振兴俄罗斯而发起的和解运动的核心人物。瓦列里·佐金属于俄罗斯法学派，这一群人深受沙皇时期“自由民主”运动中“中央集权论”的影响。该运动的思想启蒙之父是鲍里斯·契切林（Boris Chicherin），他是十九世纪俄罗斯的律师兼政治哲学家，他认为只有在法治国家的基础上，才能循序渐进地改革沙皇政治体系。此外，1860 — 1870 年俄罗斯大革命期间，沙皇亚历山大二世废除了农奴制，契切林建议他“放宽政策、走强国之路”。在沙皇时代，参与该运动的成员们就提倡建立君主立宪制，反对俄罗斯社会主义运动。立宪是典型的第三种方法。它的支持者们希望通过这种方法逐渐约束那些崇尚王权、无法无天的独裁者和沙皇。然而，该运动并未成功，也并未将全面的法治君主立宪引进俄罗斯。甚至到最后，连同最后一位沙皇尼古拉斯二世一起，被 1917 年的革命推翻。而运动的支持者们则被迫流落他乡。

苏联时代晚期，佐金再次提出自由保守主义的思想。佐金原本在俄罗斯内务部科学院教授宪法，可是很快就走上了政坛。1991 年，在新一届法院选举中，佐金得到了最高票数。他最初是总统共和国的热烈拥护者，后来因为 1993 年叶利钦对议会发动流血事件而与之决裂，最终，佐金不得不走下院长之位。尽管他本人反对叶利钦，可是 20 世纪 90 年代，他还是留在了法院，并且于 2003 年再度当选为院长。从此以后，佐金就把沙皇时代晚期的自由保守派思想沿用至今。从诸多方面讲，他仍继续坚持着 19 世纪的想法，要在俄罗斯引进君主立宪制，可前提是，总统要代替沙皇作为宪法的中心。

像佐金一样，普京也十分重视俄罗斯总统与宪法之间的密切关系。普京在“千年致辞”中首先指出，宪法是“国家利益至上”这一观点的体现，它能使俄罗斯变得强大和团结，同时，它也是法治国家的基本组成部分。宪法将总统奉为自身的保障者。而总统是由全体俄罗斯人民选举产生的，他凌驾于行政、立法和司法三权分立的体系之上。因此，俄罗斯总统是国家团结的唯一象征。此外，俄罗斯总统还要确保宪法能够保障俄罗斯人民的个人权利。

在“千年致辞”中，俄罗斯总统要确保“国家的法律安全”。宪法中规定俄罗斯总统连任不得超过两届，为了遵守该条款，普京在 2008 年的总统选举中主动退出，担任了国家总理。普京已经明确声明，他这样做是为了确保“国家的法律安全”。“我不会更改宪法，我要遵守宪法，谁都不能连续三次竞选总统。”普京在他第二届总统任期将满时不断重申这一点。同样，2012 年 4 月，普京又辞去总理一职。参与 2012 年 7 月的总统竞选之前，还辞去了统一俄罗斯党的领导职位，交给德米特里·梅德韦杰夫去管理。普京说：“总统应该是一个无党派人士，他的使命就是让国内一切政党和所有人民团结起来。”

自20世纪90年代以来，瓦列里·佐金所拥护的这些关于俄罗斯宪法和总统的观念，都被灌注进了普京的各种官方言辞中。比如，2012年1月16日《消息报》（Izvestiya）刊登了一篇有关总统选举运动的文章，其中普京重新提到了俄罗斯面临的挑战，他说，哪怕有再多不稳定的因素，俄罗斯也绝不会因此倒下。相反，它要通过积极“制定游戏规则”，来控制这些不稳定的因素。此外，普京还进行了分析，以回应沙皇主义学派。他指出，俄罗斯将会通过国家许可的措施和原则，逐渐走上富强之路。随后，2012年6月，在《生意人报》（kommersant）中的一篇名叫《国家的民主和品质》的文章中，普京直接引用了帕维尔·诺夫戈罗采夫（Pavel Novgordtsev）的观点。沙皇统治时期，瓦列里·佐金十分赞赏自由保守主义者，帕维尔·诺夫戈罗采夫就是其中的一员。他现在是莫斯科州立大学的一名法学教授。这句话反映出诺夫戈罗采夫（以及普京）反对变革的中央集权思想：“人们总认为充分享有自由和选举权，就能拥有神奇的力量，可以使生活进入一个新进程。事实上，这种情况下形成的并不是民主，而是寡头统治，或是无政府状态。”

总的来说，到了20世纪90年代末，俄罗斯高层已经得出了一些结论，认为有必要重建法律原则和政府秩序。另外，他们还认识到有必要开发一种“俄罗斯意识”来调动人们的积极性，增强凝聚力，从而进行必要的政治经济改革。弗拉基米尔·普京的“千年致辞”，也就是他的就职宣言，是那个时代的产物。它并未与过去断绝关联，也没有开创新的观念层面。它完全衍生自一系列有关俄罗斯的特殊的哲学和法律观念，而这些观念又是从俄罗斯高层圈内传出的。

“千年致辞”的作用就是向公众呈现出弗拉基米尔·普京如何看待和处理秩序问题和国家问题。普京强调了他眼中的俄罗斯价值观和他心目中的强国。此外，普京的“千年致辞”还具有精神上的感染力。除了扎根于历史的、神秘的俄罗斯国家观念外，它还提到了强国意识。在演讲中，普京追溯了俄罗斯的基本价值观，强调了历史传统的重要性，并决定摒弃盲目照搬西方模式的做法，他号召俄罗斯人民团结起来，战胜危机、重建家园。在“千年致辞”中，普京继续阐述了诸如团结、稳定，深化改革、稳步推进等问题。他通过阐述这些问题，描述了俄罗斯生存所面临的困难与危险。几个世纪以来，在这些困难和社会政治剧变的背景下，俄罗斯历经了瓦解、重建、再瓦解、再重建的过程。

俄罗斯第二次瓦解，即苏联解体，对弗拉基米尔·普京来说感受非常深刻。他在 2005 年 4 月的国家年度演讲中明确表达了这一点。但是这番言论却经常引起误会。普京在演讲中称苏联解体是“二十世纪以来，最大的地缘政治灾难”。许多人认为，这句话表达了普京对苏联经济、政治体系的失败感到哀叹。但在演讲之后，普京多次强调，自己只是在为国家的瓦解而惋惜。2011 年 10 月，在宣布自己准备再次参加总统选举之后，普京参加了一档黄金时段播出的电视访谈节目。节目讨论了俄罗斯在 20 世纪 90 年代经历的危机，讨论过程中普京再次明确了自己的想法：

> 我们经历了刻骨铭心的国家分裂——苏联解体。那么，苏联是什么呢？它就是俄罗斯，只是名字不同而已。我们在 20 世纪 90 年代，经历了一个相当困难的时期，直到 21 世纪才站起来，获得了国内和平，稳定了形势。而这个稳定发展的局面正是我们所需要的。

20 世纪 90 年代，俄罗斯高层对国家分裂的话题表现出高度热情。分裂问题不仅是普京演讲的重点，也是俄罗斯政客和专家作品的主题。但与普京主张重建垂直权力体系不同，政策专家更倾向于开放俄罗斯的政治和经济。例如，“休克疗法”之父叶戈尔·盖达尔在最后一本著作《帝国的倾覆：当代俄罗斯的教训》中重点阐述了国家瓦解的问题。盖达尔从历史背景出发，着重分析了苏联解体的经济根源。当然，盖达尔并不认为自己是一名政客，而是一位俄罗斯爱国者，他的家族一直在为国家做贡献。关于改革俄罗斯经济和政体，以及拆分旧时苏联结构的问题上，盖达尔和普京持不同观点。盖达尔的最终目标就是要在苏联解体之后复兴俄罗斯，建立一个能重获国际领衔地位的、繁荣昌盛的新俄罗斯。

追根溯源，前总统顾问帕夫洛夫斯基提出的团结思想对于普京来说意义重大。它是贯穿普京各种身份的主线，也是联系那些身份的主题。在他的著作和演讲中，弗拉基米尔·普京十分热衷于团结和统一，同时极度反对搞分裂的群体。2001 年 2 月，一家越南报纸报道称，普京在亚洲之行前夕表示，自己担任总统初期的目标是让每一个人形成“强国意识”：“在政治范畴内，我们已经让各方政治势力都围绕‘建立一个正常且可靠的国家’这样一种观点凝结起来。我想那就是我们成功的基石。准确地说，就是因为不团结，才阻碍了我们在 20 世纪 90 年代的发展进程。”

普京担任总统之后，面临着许多亟待解决的问题。例如，自 1994 年以来，俄罗斯迫于无奈与国内许多地区签订了双边条约，这些条约造成了严重的政治影响。普京的当务之急是尽可能降低不利影响，并努力维持俄罗斯的统一状态。于是，普京在可以驾驭地区领导人的时候，将一系列 20 世纪 90 年代的理念加以利用，专门用来解决分裂隐患。一些重要的领导们——包括国防部长帕维尔·格拉乔夫（Pavel Grachev）、前副总统亚历山大·鲁茨科伊和民族主义领袖弗拉基米尔·日里诺夫斯基，以及各部门领导和叶利钦总统领导班子成员——提倡废除双边条约，撤销俄罗斯的自治共和国，复原沙皇时代的省份（guberniya）。

然而，普京并没有废除那些共和国，而是综合了叶戈尔·盖达尔、宪法起草者谢尔盖·沙赫赖和亚博卢党领袖格里戈里·亚夫林斯基（Grigory Yavlinsky）等人的观点。最终得出的政策观念是，除了追溯历史渊源和共同利益之外，要在遵循地理范围和经济原则的基础上创建新的俄罗斯行政单位。2000 年 5 月普京颁布总统法令，将俄罗斯国内存在的所有共和国归入七个大的联邦区域。此外，他还命令总统特使再次宣告莫斯科和克里姆林宫的权威。这成为了普京主义的又一基石——使国家回归到和平与统一的状态，而不再是一个分裂的联邦国家。

2007 年 9 月，普京五十五岁生日的前一天，电影导演尼基塔·米哈尔科夫制作了一部名为《55》的纪录片，专门肯定普京统一俄罗斯的功劳。像其他政客一样，米哈尔科夫家族也世代为俄罗斯效力。他的父亲谢尔盖·米哈尔科夫是一位童书作家兼诗人，同时也是苏联国歌的作曲者。曾祖父是沙皇时代雅罗斯拉夫尔省的省长。其他祖辈也都是诗人或艺术家，其中包括俄罗斯历史上最著名的历史题材画家瓦斯里·苏里科夫（Vasily Surikov），还有一些与罗曼诺夫王朝关系密切的贵族。米哈尔科夫的 55 集纪录片从态度和内容上都表明：普京是俄罗斯的救星。因为他统一并重建了俄罗斯——那是米哈尔科夫早在 1994 年的和解宣言中就已经提出来的使命。

米哈尔科夫在电影中再次强调了“统一俄罗斯的使命”，这与克格勃第五局创始人菲利普·博布科夫之前的一番论述产生了共鸣。博布科夫位居克格勃领导尤里·安德罗波夫之下，是创建“新克格勃”的要员，正是他将普京这群年轻官员招募进克格勃。1995 年，博布科夫写了一部回忆录，希望“从克格勃过去的经验中汲取对当今有益的教训”。在他从克格勃退休之前，回忆录的主体部分已经完成。最后一部分，增添了一些与 1995 年形势有关的内容。当时俄罗斯高层对国家的争议已经达到顶峰，普京也即将来到莫斯科。

博布科夫在书中呈现出一种非常理想化的俄罗斯未来，还包括他对用新方法统一俄罗斯社会的个人思考。此外，他还将一些新的国家观念概念化。在书的最后一章“展望未来”中，博布科夫指出：“我们所讨论的俄罗斯究竟一个什么样的概念，并没有统一的说法。因为‘俄罗斯’与两个时期都有关联：俄罗斯帝国和苏联。因此，如何振兴俄罗斯自然就形成了两种毫无交集的观点。”博布科夫继续说道，俄罗斯在 20 世纪 90 年代经历了“瓦解的危机”，它不仅打乱了俄罗斯的政治、经济秩序，而且使它失去了领土。

对于俄罗斯来说，最高任务不仅是创造一个新国家，更是要重建本来的国家。创建全新国家、打造经济基础的这一想法，使我们绝处逢生，帮助我们统一社会上那些急切需要兴国的势力。为重建而统一，为了保护遗产而统一……若不在新的基础上统一全部健康的思想，那么，我们便无法确定振兴国家的思想基础和建设方案。所谓新的基础都是这个口号：“一切为了新俄罗斯！”

博布科夫在回忆录中想要表明的观点是，要依靠俄罗斯自身的资源来重建国家；要努力在各种计划中寻求共同的因素，促成统一；为了完成重建国家的任务，在遇到经济和政治问题时，要尽可能寻找折中方案；要响应俄罗斯人民复兴国家的愿望。此外，回忆录的最后还讨论了许多 20 世纪 90 年代以来关于国家的问题。普京在“千年致辞”中表示，要形成“新俄罗斯意识（Rossiyskaya ideya）”。他希望出现一种“有机结合的元素”，将“全人类共有的价值观和经过了时间考验的、原始的俄罗斯价值观”结合在一起。此外，普京在 20 世纪 90 年代的一次演讲中总结道，俄罗斯必须调集一切资源，才能避免沦为三流国家：

俄罗斯刚刚经历了几十个世纪以来国家历史上最为困难的时期。也许两三百年来，她还是第一次真正面临沦为三流国家的危险。为了避免这样的事情发生，我们需要凝结国家的一切智慧、身体和道德力量。我们需要精诚合作、发挥创造性。没有人会帮助我们。如今，一切都取决于我们自己对危险的认识程度，取决于我们团结一致的能力，取决于我们持之以恒、踏实苦干的决心。

1999 年 12 月以后， 在副参谋长弗拉迪斯拉夫·苏尔科夫（Vladislav

Surkov）和其他一些克里姆林宫人的帮助下，弗拉基米尔·普京打出了创建新俄罗斯的口号——统一社会上分散的力量。他和苏尔科夫解决了格奥尔基·萨塔罗夫（Georgy Satarov）一群人在探寻“俄罗斯意识”过程中的所有矛盾。从本质上讲，普京在21世纪开创了一种“合成”的俄罗斯意识。他的一些观点来自初到莫斯科的第一年（1996－1997年）所听到的各种辩论。此外，他还直接从俄罗斯的历史中提取了一些能够实现国家和社会统一的观点，包括19世纪30年代的困难时期和19世纪90年代到20世纪的几十年间。然而，他的思想还是大部分来源于1917年的俄罗斯革命和俄罗斯帝国瓦解之后（也就是所谓的白俄罗斯人时代）有关移民的作品中。就算著名导演尼基塔·米哈尔科夫没有用电影来赞扬普京，俄罗斯也会永远记住普京做出的努力。

第四章

CHAPTER4

普京经济学

许多人认为，普京担任总统只是俄罗斯走向混乱与沉寂的一个过渡阶段。但两年之后这些消极看法都烟消云散。俄罗斯正走在复兴之路上，普京已经成长到能胜任工作的水平，并在继续成长之中。他曾是最不合适担任国家领导的人选，但最终很有可能，他将以我们这个时代最成功的人物被人铭记千古。他可能成为俄罗斯有史以来最成功的统治者之一。

——美国媒体

“黑市经济”的罪与狂

普京从历史中学到了市场经济和资本主义的有效性。长期以来，他都以旁观者的角度看待问题，这使他可以不受意识形态的干扰，接受历史的裁定。但问题是，历史不一定能够说明资本主义起作用的原因。普京曾就这个问题发表过多次声明，但仍看不出普京对市场经济的理解究竟到了一个怎样的程度。在过去的几个任期中，弗拉基米尔·普京或多或少处于一种学术环境之下，接触过所谓的经济学的话题。这在他心里播下了一些理论的种子。

1970 — 1975 年，他在列宁格勒大学学习法律，期间修过与国际贸易法相关的课程，并写了一篇法律研究论文，论述最有利于国际贸易的国家政权。20 世纪 80 年代中期，普京应克格勃的要求，重新回到红旗学院，开始研修经济学和管理学课程。1996 年，他写了一篇与经济学相关的毕业论文，取得了硕士学位。后又以克格勃特工的身份在列宁格勒、莫斯科和德累斯顿从事工作。这些走上政权巅峰之前的个人经历，帮助他更透彻地从历史中汲取经验。

童年时期并没有让普京形成任何与资本主义相关的理念。如果不是苏联人恐怕很难理解，因为 20 世纪 60 年代到 70 年代之间，苏联地区根本没有商业或者商人这种概念。父母、亲戚或者邻居……根本没有人参与任何商业活动。普京的父亲是一个工人，他的母亲则从事过各种各样的社会底层工作——看门人、清洁工以及某个苏联面包房的帮工。没有一个街角的杂货店、肉铺、或者周围的书店老板是以私营的方式在做生意。苏联儿童和年轻人基本上不会想到利用送报纸、擦皮鞋、修草坪、遛狗、照看小孩或者做服务生的方式赚取零花钱，不过他们再长大一点儿就需要从事夏季工作。在这个时代，民众唯一可以接触到的商业活动就是所谓的第二经济。第二经济的参与者极具企业家精神和创新精神，当然，他们更是冒险者，因为他们的行为要么违法，要么处于合法的边缘。因此第二经济还有一个名字——“黑市经济”。事实上，无论何种形式的“黑市经济”都涉及到利用国家资产谋取个人利益。因此，即使“黑市经济”所提供的商品和服务几乎让所有苏联公民都获得了益处，也没有人会公开支持它。

对于弗拉基米尔·普京少年时期的苏联来说，第二经济是必不可少的罪恶。苏联人民从黑市获取非官方的食品和服务着实是无奈之举，尤其对于像普京这种工薪阶层的家庭来说。黑市经济几乎影响着所有人，包括普京。在官方经济中时间比金钱重要得多！这些时间包括你为了买一个小小的生活必需品排队等候几个小时的时间，更包括为了买大宗物资（电视机、冰箱或者汽车）而在官方列表上等待数月乃至数年的时间。而在黑市里，只要你有足够的钱，可以买到任何断货的商品。“黑市经济”告诉人们：钱和价格才是最重要的。因此大部分公民都渴望得到钱，年轻时的普京也是其中之一，[1] 他对苏联经济的看法和当时的大部分苏联公民相差无几。

然而从宏观角度来看，普京年轻时苏联的经济状况看上去非常好。虽然普通苏联民众很难买到日常所需的生活用品，但 20 世纪 60、70 年代的苏联仍是一个超级大国。从军事实力上来说，苏联与美国不分轩轾。从经济实力上来看，苏联也是世界上第二大经济体。第二次世界大战之后，苏联的经济总量只有美国的三分之一，实力远不如美国。但是从那之后，苏联一直在缩小差距，也在当时的宣传运动上大肆宣传取得的成就。

简单来说，1970 年秋季，普京在列宁格勒大学读书时，苏联是一个赶超竞争对手的超级大国。1973 年中东石油危机，世界石油价格翻了 7 倍，西方经济陷入衰退。但是苏联位于西伯利亚的大油田恰在这个重要关口开始采油，因此从中获得了丰厚的利润。1974 年，苏联的石油产量第一次超过美国。所有的一切，都促使普京这代人产生这样一种印象——苏联是一个迅速崛起的大国，而美国则在衰退。

我们无从得知年轻时的普京如何看待国家经济以及苏联经济体制的运转方式。他可能只关注个人所处的环境、职业发展、家庭前景，以及大部分人考虑经济时脑海中出现的问题。然而，克格勃给了普京思考重大问题的机会，甚至可以说迫使他仔细研究国家经济形势。长久以来，克格勃及其前身都一直在参与与国家经济政策相关的活动。俄罗斯的秘密警察通常都会监控经济行为以及重要经济人物的行动，揭露经济犯罪——不管是官方苏维埃经济中，还是黑市经济中的违法和滥用行为。有时安全部门甚至会直接参与经济政策的制定和管理。

繁荣背后的危机

20世纪20年代，重要经济决策均由布尔什维克秘密警察的第一位领导人——费利克斯·捷尔任斯基（Felix Dzerzhinsky）制定。之后，在斯大林统治时期，克格勃的前身是当时主导经济的关键角色，管理着最庞大的强迫劳动体系——古拉格集中营。巅峰时期，古拉格集中营的产值和就业率分别占到整个俄罗斯工业产值和就业的15%和18%。但是自20世纪50年代初期以来，克格勃的领导就不再直接负责制定经济政策了。克格勃最后一位被委派制定经济政策的领导是拉沃伦蒂·贝里亚（Laverenty Beria），他在1938－1953年间担任秘密警察的首长。在苏联的大环境下，他是自由经济的倡导者，并第一个开始反对斯大林的经济政策。他提出去农业集体化，遣散效率低下的古拉格，并提议与西方世界交好。但是，贝里亚并没有机会看到苏联经济的彻底转变。斯大林死后，贝利亚没能赢得派系斗争，被反对派系处决。他的名字和他的自由经济政策都成为了克格勃传说中的诅咒。

普京加入克格勃时，克格勃并没有将重点放在经济领域，但一直关注着西方经济的两件事情。第一个关注点就是西方国家资本主义制度。苏联和共产主义政党的所有敌对派必然在意识形态上反对苏维埃经济制度。作为苏维埃的“矛和盾”，克格勃的主要任务就是保持“革命警惕性”，与来自西方的颠覆活动和反动思想相搏斗。而赞成资本主义经济原则和方式，被认为是最具高度颠覆性风险的思想之一。第二个关注点就是西方市场经济的科学技术成就——尤其是任何可以应用到军事领域的成就。克格勃有一个部门专门负责窃取西方制度下产生的先进产品。而共产主义者坚信西方资本主义制度注定走向灭亡之路。

普京加入克格勃之后的那些年，苏联经济面临着全新的挑战，因此特工组织也相应地改变了对西方经济的关注点。虽然苏联在 20 世纪 70 年代油价暴涨中短暂获利，但经济体制中存在的众多问题也一并被遮盖在繁荣的表象之下。收入和租金都在上涨，但是苏联工业的实际表现却迅速变差。1976 年苏联产油量年增长率高达 7.6%，但在随后的五年，增速突然放缓。1981 年，苏联石油产值趋向平缓。就像世界油价崩溃一样，增速放缓打乱了苏联所有的经济计划和预测。在一派繁荣昌盛的景象背后潜伏着巨大的危机。美国著名能源专家赛恩·古斯塔夫森（ Thane Gustafson ）一书的书名很好的概况了当时苏联石油产业的情况——《繁荣背后的危机（Crisis amid Plenty）》。[2]

在苏联和俄罗斯的未来中，讽刺成了重要的一部分。虽然 1973 年的石油价格暴涨为俄罗斯带来了财富，在最初沉重地打击了资本主义经济，但是从长远角度来看，却为西方国家带来了有利影响。例如，1979 年之后，美国在短短四五年时间，就减少了一半的原油进口量。[3] 西方经济体们开发出新技术，实现了计算机化，并且在微电子、新材料以及新工业方面取得了进展，因而发展速度加快。然而苏联却采取了截然相反的做法。石油价格上涨获得的资金一部分用来支持东欧的卫星国，剩下的用来支持国内的国防工业以及其他制造业。而这些工厂的效率却越发低下。因此，经历了 20 世纪 70 年代的危机之后，美国和其他西方经济体都变得更加精简和坚韧，苏联却变得更加庞大而松散。

然而，面对技术竞争中的落后状况，苏联领导人不仅否认苏联自身制度存在弱点，反而试图仅靠窃取更多敌对资本主义制度所发明创造出来的技术，来维护自身岌岌可危的地位。当然，也存在一些更为开明的苏联领导人，他们意识到了仅仅通过窃取技术并不能解决问题，必须改变苏联自身的制度。一个具有创新性的经济需要个人有更多的自由，而这种自由与苏联的政治严管制度相互抵触。早在 1983 年，苏联元帅马歇尔·尼古拉·奥加尔科夫（Marshal Nikolai Ogarkov），当时苏联的主要军事创新者，在与美国记者莱斯利·盖尔布（Leslie Gelb）私下交谈时透露此意。多年之后，盖尔布在《纽约时报》的一篇文章上回忆了当时的谈话：

那天下午，我刚开始抨击莫斯科——它聚集了超过防御所需的兵力，奥加尔科夫就对我摇了摇手，露出宽容的笑容。接着，他说出了我从一个苏联官员口中听到过的最惊人的言论：“除非我们进行经济改革，否则永远无法赶上你们的军事实力。而关键在于，能否推行没有政治改革作为基础的经济改革。”[4]

盖尔布写道，马歇尔·尼古拉·奥加尔科夫向他承认“现行的制度不起作用，也无法起作用……苏联如果不进行彻底改革是没法和美国相抗衡的”。但是苏联当时的状况不可能允许政治变革，所以盖尔布总结出奥加尔科夫真正的意思：“即使西方世界没有取得最终的胜利，冷战也已经结束了。”

20 世纪 80 年代，精英阶层心中的宿命论、失败主义和失落感有多深，我们不得而知。但是，如果整个制度中都渗透着这种感觉，就算没有人明确地说出来，身处普京这样位置的人迟早也会感受到。同时，克格勃负责窃取技术的特工只是在支撑一个即将失败的事业，这只会让他们心存不满。进入权力中心 10 年之后，普京一针见血地指出了这一点。2010 年 5 月，在与俄罗斯科学院进行的一次交流会中，普京公开表达了失望之情。他和克格勃的同僚们殚精竭虑地取回了技术，苏维埃政府却没有能力加以利用，改变国家的经济制度，这无疑令人感到沮丧：

你们知道，在我职业生涯的早期，我在另外一个机构任职，并在那里经历了一个令人刻骨铭心的时期——20 世纪 80 年代。我相信你们中的许多人也会支持我的看法，因为你们肯定也曾经有过同样的经历。我们的研究成果，或者国外的同僚通过特殊手段获取的研究结果都没有运用到苏联的经济发展当中，我们甚至没有运用这些研究成果的设备。克格勃的赴外工作、整理加工本质上都是无用功。也许有人会问结果怎么样？技术用在了经济制度中的什么地方？没有，通通没有，因为它们无法使用。

在克格勃将窃取西方技术作为当务之急的同时，其管辖范围内的部分外贸交易也在逐渐减少。所有在苏联境内运作的外国企业都受到秘密警察的严密监控。苏联的对外贸易官员们也都或直接或间接地为克格勃外事部工作。这一点值得重视，因为它与普京密切相关。也许普京在列宁格勒大学师从阿纳托利·索布恰克的时候，就已经预见到了这一点。[5] 无论是普京真的对国际贸易感兴趣，或者是为了毕业后的职业发展做规划因而选修了索布恰克的课程，他的这段经历都为他的个人简历增色不少。事实上，离开克格勃之后，这的确成为了普京的巨大财富。

刀尖上的舞蹈

1984年秋天，马歇尔·奥加尔科夫对莱斯利·盖尔布坦白了令人震惊的看法，而后不久，弗拉基米尔·普京就从列宁格勒来到了莫斯科，在克格勃的红旗学院参加培训。随后的那一年，他目睹了一系列重要的变化，这些变化预示了苏联接下来10年间的历史。普京入学时，苏联领导人迅速更迭——短短30个月内就换了4位领导人。不仅如此，鉴于克格勃中一些重要人物与政局的关系，克格勃在国内政治中的分量越发重要。1982年11月，尤里·安德罗波夫卸任克格勃局长，取代列昂尼德·勃列日涅夫成为苏共中央总书记。克格勃的新任局长——也就是普京名义上的上级——维克托·切布里科夫，也被提名为共产党政治局的候选人。

1984年2月，安德罗波夫在任期内猝死，于是康斯坦丁·契尔年科接任了他的职位。然而，安德罗波夫精心挑选的继承人，政治局成员米哈伊尔·戈尔巴乔夫已经踏上了克里姆林宫的台阶。普京曾经听过戈尔巴乔夫于1984年11月在一场科研会议上的演讲，当时戈尔巴乔夫提出了后来俄罗斯风行的口号——改革与公开化。此外，戈尔巴乔夫还指出苏联分析师和专家们应该首先重点研究经济理论、管理理论。他说的这些分析师就包括像弗拉基米尔·普京一样的克格勃分析员。

在红旗学院培训完后，普京随即来到了东德。他确实一直在做所有苏联驻外特工的任务——从事间谍活动，招募特工对抗西方国家，以及剽窃技术。在东德期间，普京时刻监督这里的政治和安全官员的行动，以判断他们在改革引起的派系斗争中会站在哪一边。而这项任务让普京对苏联经济以及苏联的未来产生了怀疑。

驻扎在德累斯顿期间，普京近距离见证了他所说的独特历史实验，无论在克格勃内部还是外部，几乎没有人能有这样的机会。东德的经济体系是一个非常失败的案例。相较苏联的条件，东德有着明显的优势——人力资源丰富，相关资本和企业储备充足，制造业基础设施先进，地域优势也十分明显（东德地处欧洲中心，是连接波罗的海沿岸港口及其他欧洲与全球市场的运输点）。然而，东德还是失败了。普京将这些一一记录下来，通过近距离的观察和思考，从而得出结论——改革必然困难不断、危机重重。

自 1953 年斯大林逝世后，苏联及其他卫星国经历了循环往复的改革和衰退。然而，东德却与其他国家——包括处于支配地位的苏联——脱轨。1968 年“阿拉伯春天”后，苏联领导人就又变得极端保守。然而，东德仍遵循着原来的改革方案，甚至为了改革与苏联抗争。此外，莫斯科试图通过在经济上打压东德，以迫使东德改变方案，结果却适得其反。东德柏林疯狂地向西德借款。1971 年，莫斯科免去了东德共产党领导瓦尔特·乌布利希（Walter Ulbricht）的职位，取而代之的是埃里希·昂纳克。短时间内昂纳克老老实实地按照苏联的指示行事，将重点放在福利和消费上，放弃破坏性的经济改革。可是它只能靠苏联的补贴维系生存。[6]

整个 20 世纪 70 年代，苏联一直以名义价格向东欧地区出口原油。而苏联的卫星国随即以高价将这些原油销往国际市场。东德的经济完全依靠此种交易，以东德自身的财政状况，根本无法实现曾经承诺给市民的福利。20 世纪 80 年代，全球油价下跌，油价津贴与全球油价之间的差价特惠荡然无存，此时的东德已无力调整。普京被派到德累斯顿的三年前，也就是 1982 年，东德面临国家破产，急需硬通货的东德不得不选择“先套现，再盈利。”[7] 东德拆分了整体经济，把一切能出口的东西都销往欧洲甚至更远的地方，即使亏本也在所不惜。当戈尔巴乔夫宣布 20 世纪 80 年代中叶苏联阵营将转向改革的新路线时，东德只想进行破坏性的、代价高昂的改革。这就是普京身处的东德，它网罗了一批反对一切自由化改革的强硬分子，害怕被戈尔巴乔夫领导的苏联传染上激进的观点，并将精力完全放在政体的生存上。这就像是被遣送至敌方营地。

如果普京是一名严谨的历史学者，能够看清东德的发展模式，那么他便可观察到东德社会与统治者之间的关系以及东德和苏联的关系将会朝着哪个方向发展。即将到来的危机导致了一场变革，而变革的失败引发了抗议与不满。放弃变革，这是领导者应对抗议的唯一措施。在这之后，领导者希望通过贿赂人民来镇压那些呼吁“消费、稳定以及就业”的抗议者。而这又导致了新一轮的停滞，产生了全新的危机，从而再次引发对改革的呼吁……如此循环往复。这就是典型的改革困境。苏联领导层进行改革的目的是为了保住自身的掌控权，此种情景让领导层陷入了困局。正因他们的重中之重是控制权，而不是改革，所以无法解放经济、释放潜能。最终，改革成了折中的办法，而且以“不如不改革”的结局收尾。无论领导层，还是普通民众，都对改革十分失望，心情由沮丧变得愤世嫉俗。在一个只有靠动员和敦促才能取得成功的体系下，愤世嫉俗尤其危险。

身在德累斯顿的普京，一定特别注意到了这一点，并得出结论：过分追求稳定将导致崩溃。普京初任总统时，面对各国记者采访时明确表示，昂纳克的统治严重缺乏灵活性。20 世纪 90 年代，普京回到自己的国家，在戈尔巴乔夫和叶利钦手下工作时，普京看到了另一种危险——太过散漫同样也会导致崩溃。要想像苏联或后苏联时代的俄罗斯一样成功改革并控制改革进程，就要在稳定与灵活之间寻找一种平衡。无论如何，这都不是一项简单的任务。

圣彼得堡的“经纪人”

20 世纪 90 年代初期，仍然在克格勃任职的弗拉基米尔·普京回到了他的故乡——列宁格勒。这个时期，克格勃的领导们已经没有兴趣扭转苏联的经济体系。他们认为一切已经太迟了，只想拯救这个部门以及部门中的每个成员。此时，普京的上级已经在心里为他安排好了任务。苏联解体前的最后几个月，克格勃主席弗拉基米尔·克留奇科夫（Vladimir Kryuchkov）曾劝米哈伊尔·戈尔巴乔夫赋予克格勃更多权利，让它可以参与各种经济活动和对外贸易。1990 年 5 月，克留奇科夫组织了一群驻苏联大使来到莫斯科。他对前来的外国使者们说："克格勃拥有资深的经济专家，他们能在苏联市场上代表广大西方公司的利益。"此外，他还要大使们明白，如果有经验不足的苏联新兴公司尝试进入欧洲和其他市场，克格勃还会向它们提供帮助和建议。[8]

与此同时，克留奇科夫并没有公开克格勃的议程。他命克格勃特工们渗透进俄罗斯的民主运动，开创“一种人为操纵的对抗局面”。一名很有前途的政治家让克格勃很感兴趣，他就是普京的导师、列宁格勒大学的法学教授——阿纳托利·索布恰克。因此，克格勃安排普京担任列宁格勒大学负责对外关系的副校长助手，这样他便可以监督索布恰克。1990 年 5 月，恰逢克留奇科夫向苏联大使们建议之时，索布恰克成为了列宁格勒市议会主席，他亲自任命普京为对外事务顾问。

回到列宁格勒的一个月内，普京的身份经历了彻底的转变——从间谍变成了准公务员。可是严格来讲，他还是一名克格勃官员。克格勃命他与那些准备进入苏联市场的外商以及准备开拓海外市场的苏联人建立联系。在1990年的背景下，阿纳托利·索布恰克不会天真到看不出普京的间谍身份。然而，流利的德语、国外工作经历以及与德国的交情让普京超越了任何竞争者，成为俄罗斯不可多得的人才。何况，在列宁格勒大学读书时，普京曾经师从索布恰克。种种原因之下，索布恰克选择忽略普京的身份，甚至在下属和竞争对手的攻讦中为他辩护，这让普京非常感激。

1991年8月俄罗斯发生政变，政变之后列宁格勒更名为圣彼得堡，索布恰克当选为圣彼得堡市市长，普京则晋升为圣彼得堡的三位副市长之一。在索布恰克的领导下，圣彼得堡的经济由三位副市长分管——弗拉基米尔·普京、阿列克谢·库德林、弗拉基米尔·雅科夫列夫（Vladimir Yakefulev）。而索布恰克市长本人并不处理经济方面的事务。阿列克谢·库德林负责该市的财政——预算和税收，监督着当地庞大的经济，正如他之后监督整个俄罗斯的庞大经济一样。雅科夫列夫则把精力集中在了圣彼得堡的旧苏联经济上，也就是国防企业。该市的军事工业非常庞大，曾经有数万名列宁格勒人在国防企业工作，比苏联的其他任何城市都多。[9] 与此同时，普京担任对外关系委员会主席，负责推进经济关系，被称为市级“外贸部长”。按照克留奇科夫向大使们提出的计划，普京将自己的原则一以贯之。无论是希望在圣彼得堡发展的外企，还是着眼于出口的俄罗斯当地企业都会向普京征询意见。事实上，与普京接触过的喜欢将他称为“经纪人”或者“疏通者”。[10]

普京也用类似的形容来解读自己的角色：“在圣彼得堡市长索布恰克的领导下，我所处的职位，与其说是重要岗位，不如说迅速变成了一个能解决诸多商业体系利益问题的岗位。”毫无疑问，他的确解决了一些“商业体系中的利益问题”。[11] 然而，普京并不是被动联系俄罗斯和外商的经纪人，也不仅仅是帮助各公司应对俄罗斯官僚主义的疏通者。他决定某一商业活动能否在该市合法运行，给成千上万的商家颁发营业执照，甚至还创造了成千上万的商业机会，促进了圣彼得堡经济的发展。1991 年年末，普京批准的一项重要交易导致了食品丑闻。他挑选了一些私有公司，让他们从事矿产和农产品行业，并批准他们用相关产品去国外换取圣彼得堡紧缺的食品。结果，以马里拉·谢利为首的一群政客在市议会上厉声质问，普京几乎因此断送了政治前途。这次经历让普京重新审视资本主义，从而形成了新的认识。在普京看来，资本主义不是产品，不是管理，也不是市场运作，它是运转和交易。它与工人和消费者无关，是一种管理者和个人的关系。它一直在寻找、利用，甚至制造法律的漏洞。当然，这样的想法并非完全错误，只是非常片面而已。

在 20 世纪 90 年代俄罗斯的新兴商圈内，普京关于资本主义的看法备受赞同。1992 年，两位坚持要成立俄罗斯石油公司的尤科斯寡头——米哈依尔·霍多尔科夫斯基（Mikhail Khodorkovsky）和尼奥里德·涅夫兹林（Leonid Nevzlin），写了一本书，名为《只有一卢比的人》(chelovek s rublyom)。该书介绍了他们最初成立资金控股公司梅纳捷普金融集团的目的以及他们的个人哲学。“梅纳捷普实现了富人的权利。梅纳捷普是致富之路。”而关于他们的个人哲学，他们写道：“我们的指南针就是利润，我们的偶像就是利润的主导者——资金。”2012 年，前克里姆林宫顾问格列布·帕夫洛夫斯基对《卫报》的记者表达了相似的观点，支持普京这代人对资金和资本的看法：

普京是苏联人，他懂得用苏联的方式理解资本主义。我们所了解的资本主义，是一个充满政治煽动者的世界，有巨大的财团在背后支持这些煽动者。资本主义也是一场金钱游戏，以那些军事力量为支撑，意欲统治世界。这种形象简单明了，我想普京对此一定有清醒的认识。他并没有将资本主义看作是一种意识形态，而是当作一种常识——我们太天真了，苏联时期我们一直在努力建设一个公平的社会，而事实上此时我们更应该做的是赚钱。如果我们当时拥有比西方资本家们更多的财富，那么现在完全可以将他们全部买下，或者用这些钱开发出一种他们还没有制造出的武器。是的，就是这样。这是一场竞赛，而我们输了，并且我们输在没有将最简单的事情做好。我们没有培养出自己的资本家，没有给那些资本家出场的机会，让他们去吞并那些资本掠夺者。这就是普京的想法，而且自 20 世纪 90 年代以来，它们从未改变。普京的模式很简明：做资本家，就要做更大、更强的资本家。[12]

“复仇”之路任重道远

16 世纪末到 17 世纪初是俄罗斯历史上最臭名昭著的空位时期。留里克王朝的最后一位沙皇死后，俄罗斯暴动四起，战乱不休，饥荒遍野。这种混乱的局面直到新罗曼诺夫王朝巩固政权之后，才逐渐改善。进入 20 世纪 90 年代，俄罗斯政府内外的政治家以及精英知识分子纷纷看到，俄罗斯再次陷入了新的“空位时期”。

20 世纪 90 年代苏联解体后，俄罗斯开始向多元化民主国家发展，并积极推行市场经济。1992 年 1 月 1 日，叶利钦总统发起一场声势浩大的经济改革运动。他仿照波兰和其他前社会主义国家转型的方法，希冀依靠“休克疗法”转变俄罗斯现有的经济体制。叶利钦授命经济学家叶戈尔·盖达尔“给予人民经济自由，扫除阻碍自由企业和自由企业家精神的一切障碍”。在休克疗法的改革下，俄罗斯废除了制造业和其他产业的计划经济制度，使政府企业实现私有化，加速物价自由化，并严格削减预算以重归财政平衡。对于几十年来只知道固定价格、终身就业保障和终身福利体系的俄罗斯民众来说，这项举措无疑令人十分震惊。所有的物价都在同一时间从本质上解除了管制，价格空前高涨。普通家庭的积蓄失去了价值，政府却没有补贴储备，企业不受政府秩序的管制，经营者们既没有时间，也找不到方法来寻找潜在顾客，只能选择停产[13]，与此同时，失业率飙升。

然而紧缩性政策没能力挽狂澜，政府的财政状况也没有立即得到改善。

财政出现赤字，政府职能陷入瘫痪。以盖达尔为首的叶利钦决策班子向总统和民众保证，这一切都在他们的预料之中。他们说，痛苦的过程非常短暂，复兴之日就要来临。他们坚信最终会使俄罗斯变得比苏联时期更加繁荣昌盛。然而，复苏之日并没有降临，相反，通货膨胀越发严重：整个 1993 年，国内物价平均每月上涨 20%。失业率也持续增长。从整体上讲，俄罗斯的经济维持生存尚显艰难，更别说增长和发展。而对每一个公民来说，他们各自的家庭也面临同样的状况。短短数年间，数百万的俄罗斯人陷入赤贫，而少数大胆的人和一些官员摇身一变，成为了身价数十亿的寡头，迅速而廉价地攫取了国家资产。

毋庸置疑，这一时期的俄罗斯人民正享有空前的自由，然而他们也过着史无前例的惨淡生活。这时的俄罗斯恶棍当道，乞丐和无家可归的人随处可见。科学家带着俄罗斯的战略知识和机密流落海外，一流人才损失惨重。公民寄希望于投资理财计划，结果落得身无分文。政府发放的私有化券被贩卖，少数精明的企业家和国企高管则晋升为俄罗斯的新生资本家。

无论是在经济上还是政治上，这场运动都带来了不良后果。因此从一开始，盖达尔和他年轻的经济学家团队就受到了各方诟病，更是成为了俄罗斯议会以及工业界投资者的主要批判对象。1992 年年末，盖达尔及其经济学家团队被逐出内阁。

“休克疗法”不仅对俄罗斯人民的个人存款造成了破坏性影响，并且使国家财产在私有化进程中流入一个新的阶级——腐败的寡头政治执政者手上。盖达尔因此饱受批判，但是他确实在极端困难时期，因时制宜，扭转乾坤，将国家从破产和饥荒中拯救了出来。盖达尔认为，21 世纪苏联政治和经济政策中许多过度集权的错误，在不断地重现。盖达尔希望普京重视自己的结论和提议。从根本上讲，他的《帝国的倾覆：当代俄罗斯的教训》一书，就是专门为普京创作的。盖达尔自 20 世纪 90 年代步入政坛之后，获得了很多颇有价值的经验教训。他希望能将这些经验以及分析苏联历史得来的教训传递下去。盖达尔和普京一样，他们都认为苏联是俄罗斯历史和政治上的一种存在形式。它是一个不可分割的整体。

20世纪90年代初，盖达尔想要以令人“震惊”[I]的方式复兴国家，希望消除因苏联解体而造成的灾难，并将这个任务视为自己的使命。1999年，普京逐渐结束“休克疗法”，他希望的是创造稳定局面，重塑俄罗斯在世界上领导者和协调者的形象。此外，前总统顾问格列布·帕夫洛夫斯基在2012年1月《卫报》的采访中，把这一切都归功于普京，赞扬他在21世纪实现了这些目标。

> 事实上，普京完成了复仇的任务。国家已然避开了瓦解的危险。除了腐败滋生以外，（北）高加索地区不再威胁着要分裂国家，而且还出现了空前的团结局面。整个国家内，没有分裂分子，分裂意识已经消失。普京在位期间，依法治国，社会稳定。人们不再有复兴苏联的想法。当然，我认为普京的理想仍然是将俄罗斯建设成为一个超级大国。[14]

客观来说，在弗拉基米尔·普京担任总统和总理之位时，俄罗斯的经济表现非常出色——普京自己也曾多次指出这一点。2012年4月，普京即将第三次连任俄罗斯总统，他在俄罗斯议会上的报告中夸赞俄罗斯的经济状况：在全球金融危机爆发后的四年内，俄罗斯的经济就有所好转。他也指出，危机“是对我们的一次历练，我们恢复的速度远远超过许多国家。如今，我们是G8（八国集团）中经济增长率最高的国家，也是世界主要经济体中增速最快的国家之一。美国的增长率是1.7%，欧元区是1.5%，印度是7.4%，中国是9.2%，俄罗斯是4.3%。与其他经济体相比，我们排名第三。”普京的整个演讲中都是类似的成功宣言。虽然像任何政治家一样，普京有选择性地强调了统计数据，但是这个例子还是极具说服力。

I 译者注：原文为“shock”，它既有“休克”也有“震惊”的意思；“shock therapy”是“休克疗法”的意思，此处意为“震惊”，是一语双关。

自 1999 年 12 月普京发表千年致辞以来的 10 年间，俄罗斯的命运出现了近代经济史中最具戏剧性的逆转。普京刚刚踏上高层领导职位之时，俄罗斯濒临破产，几乎处于被接管的状态。然而，普京上台五年后，几乎偿清了所有外债，并重新积累起了外汇储备。普京为俄罗斯的债务争取到了国际货币基金组织（IMF）的特别优先权。他提前三年半还清了所有债务。[15]同样重要的是，在普京的两任总统期间，俄罗斯在世界经济中所占的份额快速增长。以美元市场汇率来计算，1999 年到 2008 年之间，俄罗斯从世界第 23 大经济体晋升为第 9 大经济体，经济增长速率是中国的两倍。[16]

如果单纯用经济表现衡量普京的经济学知识和管理技能，他理所应当地赢得了高分。然而，很难用一种变量去衡量普京的政策成就。在他任职期间，由于油价上涨，俄罗斯财富急剧增加（俄罗斯以石油和天然气这些天然资源著称）。俄罗斯的绝大部分经济领域都与石油工业保持着一致的步调：1999 － 2008 年间经济节节攀升，2008 年年中伴随着经济危机出现急剧下降。2010 － 2011 年，随着油价的恢复，国内经济又得以反弹。[17]然而，这并不意味着当时政府的经济政策无关紧要。要是没有政府的调控，这些财富很容易就被挥霍掉了，而且还会丧失许多油价飙升的机会。那么，普京的政策对 1999 － 2008 年的经济增长有什么影响呢？如果这些政策确实产生了一定的影响，这些政策的重要原则是什么？它们又源于何处？这是否与普京的生存主义者身份和他在职业生涯中吸取的自力更生的经验教训有关？确保俄罗斯国家有足够的储备以备不时之需的理念是否重要？或者，是否因为普京在制定政府政策时也借鉴了其他一些更深入的市场经济基本原理呢？西方观察者们常常惊讶于普京对市场经济的态度，有时甚至会迷惑不解。

事实上，20 世纪 70 年代至 80 年代期间，普京就早已深谙经济问题。就读于列宁格勒国立大学时，普京本科毕业论文的主题就是国际贸易法。20 世纪 80 年代，作为克格勃的热门人物之一，尤里·安德罗波夫对苏联经济体制进行了改革。普京在东德任职期间，目睹了东西德冷战期间的经济发展——与西方的资本主义体制相比，东德的经济具有明显的优越性。1990 年，普京从德累斯顿回到列宁格勒，其中一个目的就是研究本国经济。1996 年，普京完成了一篇关于“经济学”的论文，然而绝大部分是在论述苏维埃经济。当他担任圣彼得堡市副市长以后，负责俄罗斯和外国企业的实际业务往来，才在实践中真正理解了市场经济。

20 世纪 90 年代，圣彼得堡的资本主义和商业模式并不强调创业，也没有涉及生产、管理、营销等关键领域，唯一关注的只有交易。与圣彼得堡市政府的人脉关系要比与工人和客户的关系更为重要。关键是要利用两者之间的平衡点。[18] 普京在圣彼得堡的经验令他坚信，俄罗斯要想在现代世界中求得生存，唯一的办法就是采用市场经济体制。市场经济体制中的胜出者不一定是那些提供用最低价商品和最优质服务的商人，而应该是善于发觉对手弱点的人。贪婪的对手有时会公然无视法律，而这种细微的线索，就是胜利者的法宝。

2012 年 4 月，普京与俄罗斯杜马议会的共产主义成员就市场经济进行了一场激烈的辩论，普京坚称计划经济“没有市场经济行之有效”，对国家财富的恢复“不会产生什么好结果”，这一论断引起了国际媒体的极大重视。[19] 普京上任初期，俄罗斯政府也进行了一系列渐进式改革。在美国传统遗产基金会上，美国的自由市场拥护者甚至将俄罗斯 2001 年的统一税率制度改革公开称赞为一种独有模式。[20] 这些改革使普京被冠以“自由主义者”之美誉。[21] 全球金融危机爆发后，这一形象再次发生了改变。普京以演讲家的姿态，用一种“我来告诉你”的挑衅口吻发布公开声明。2009 年初，在世界各国领袖齐聚的达沃斯经济论坛上，《华盛顿邮报》的专栏作家大卫 • 伊格内修斯这样描述普京：“从言行上来看，他像一个重生的资本主义者，声称俄罗斯已经看到政府操控经济所造成的损害，他永远不会采用苏联的经济政策。”伊格内修斯评价道，“之前的共产主义者现在完全相信自由市场的经济政策。”[22]

普京突然从共产主义支持者转为资本主义支持者，又突然回归到国家控制的主张上来。尽管如此，他对经济的总体看法却一直不曾改变——至少在担任俄罗斯国家领导人期间一直不曾改变。普京一直宣传一种正统的财政政策。十二年间，他不断提拔并支持着世界上最保守的财政部长之一——与他关系密切的阿列克谢·库德林。更重要的是，虽然一直都有机会重新将重要资产国有化，普京从未转变俄罗斯 20 世纪 90 年代的私有化进程。在争议中将俄罗斯的国有资产最大化地转变为私有交易，也就是所谓的“债转股”，大部分俄罗斯民众都非常不认可这种做法。叶利钦政府缔结了这个协议，而这个协议缔造了众矢之的——俄罗斯寡头。普京本可以通过撤销这个计划，获得巨大的政治利益。[23]

用普京的话来说，在紧随全球经济危机之后的 2008 － 2009 年之间，他做了一个异常重要的决定，那就是支持私有企业。虽然有一些寡头政治家来找他，请求他接管其私有资产。但是他拒绝了。众所周知普京一贯积极倡导国家所有制，所以很有必要详细引证 2011 年 4 月他对主要寡头的一次讲话中，他说道：

在经济危机严重的时期，一些同事——包括在座的某些人——问我他们是否应该将手中的企业全部转化为国有资产。他们已经准备好这么做，也提倡这么做。

听我说，亲爱的同僚：我们不会这样做，我们会选择一种不同的方式。我们会支持私有企业，我们帮助你们、给你们提供贷款、帮助你们再度从西方银行获得款项、提供抵押物……但是我们不会将经济国有化。这是政府的基本选择：我们不想建立一个国有资本主义制度，我们想建立一个社会主导的市场经济体制。当然，我们要为之努力，包括使用私有化工具。在这一点上，我们必须小心行事，但是我们坚持这个大方向不会变。

……过去无论是接管还是控制私营企业都很简单，并且成本低廉，现在要保护私营企业就困难的多……[24]

弗拉基米尔·普京没有转变20世纪90年代实施的基础市场改革的方向，这一情况让许多人着实感到困惑不解。至于他为什么不这么做，原因是多方面的，每一条都和我们书中提到的普京的身份相关。首先，作为一个俄罗斯和苏联历史的学习者，普京看到了苏联的经济管理制度的失败。20世纪80年代在克格勃的时候，甚至在苏联解体之前，普京就知道这种经济制度把苏联置于一个非常不利的境地。20世纪20年代，斯大林时期的工业化制度为现代苏联奠定了基础。普京承认，早期的工业化制度有其历史原因，但他也强调，历史表明这个制度早就该改革了。即使在2012年4月，与共产党代表在俄罗斯议会交流的时候，他也坚持自己的态度。

第二种解释就是，作为一个认同生存主义观点的中央集权论者，普京一贯坚持保护俄罗斯的国家利益。作为旧制度的旁观者，他能够抛开意识形态的束缚，去评定哪些因素起作用，哪些没有。因此，弗拉基米尔·普京最成功的经济政策就是基于所谓的“理性实用主义”。普京并没有单纯的遵循（或不遵循）自由市场经济准则，而是将处理宏观经济和财政原则作为确保国家生存的手段。以建设国家（有足够的税收收入）和保护国家（减少债务和扩大储备）为目标并不是自由经济主义的标志。最能证明这个观点的是约瑟夫·斯大林，他在1925年12月第14届布尔什维克政党大会上提出：平衡预算、稳定汇率、控制通货膨胀、避免依赖西方贷款以及扩大金融储备。[25]在俄罗斯历史上，这些宏观经济政策与普京的手段最为相似。普京在早期的税务改革一揽子计划中提出了统一税率，但远没有他实际征收的税额重要。2001年，在俄罗斯各个经济阶层偷税漏税多年之后。普京创造性地在征集税收时采用胁迫和武力措施——派遣武装了卡拉什尼科夫冲锋枪的蒙面特工人员冲进大企业的总部，夺取企业的财政报表。[26]

第五章

CHAPTER5

给我20年，还你一个奇迹

俄罗斯是世界上最大的国家，石油储备丰富，有世界上最大的大规模杀伤性武器库，在解决中东问题上不可或缺……只有幼稚的人或国家才会小瞧俄罗斯。如果俄罗斯“失败”，那21世纪的所有“赌注”将化为泡影，而如果俄罗斯“成功”，那很大程度上要归功于普京。

——美国《时代周刊》

运气是给白痴准备的

过去的经历对普京来说是一个直接资源，运用在政治中再合适不过。比起出身于梁赞省，弗拉基米尔·普京更值得人关注的一点是，他的父母是二战时期——俄罗斯历史上最黑暗时期的幸存者。这段个人生存史，是普京形成世界观的第三要素。它涉及多个维度，为我们了解普京的决策以及政治主张提供了借鉴。

二战期间，普京的父亲弗拉基米尔属于内务人民委员部创立的一个专门负责摧毁的部队——一般称之为“破坏营”。破坏营被派遣到敌军后方，进入纳粹占领区域实施焦土政策并破坏敌人的重要基础设施。正是在这种背景下，老弗拉基米尔·普京被派遣到今爱沙尼亚境内开展工作。后来他参加了一次列宁格勒城外的行动，当时 28 名突击队员中，仅存活下来四人，老普京就是其中之一。1942 年初，老普京在一次行动中身受重伤，最终不得不提前退役。从医院痊愈回家后，老普京和妻儿一起留在了列宁格勒。至少有 670,000 位列宁格勒的同胞在 1941 年 9 月至 1944 年 1 月的纳粹围城期间丧生，他们死于猛烈的炮火、饥荒和疾病（另有人估计死亡人数达到 150 万）。普京当时年仅 5 岁的哥哥也不幸夭折。

在围攻列宁格勒期间的这段生死故事，正是俄罗斯国家历史发展的真实写照。在这种大背景下，俄罗斯为了生存，不断与敌对的外部世界进行斗争。俄罗斯经历了频繁的侵略、战争以及各种困难，并且始终经受着上帝、命运和历史的考验。从历史中总结出来的重要教训就是，俄罗斯这个国家始终能化险为夷，延续生存。每一次在事关存亡的灾难中生存下来都在向世人证明俄罗斯在人类历史上的特殊地位。包括弗拉基米尔·普京在内，几乎所有的俄罗斯政治家在公众演讲的时候都会提到这一点。俄罗斯经受着考验，俄罗斯人也不能逃脱，这既是对集体的考验，也是对个人的考验。一些人和家庭走向了毁灭，而其他的人战胜厄运，存活了下来——不求国家庇护，只求保卫国家。这些克服凶险的人赢得了生存，他们的共同经历让俄罗斯人民变成了生存主义者，他们总是做着最坏的打算和准备。

鉴于他们有着战争与贫困的共同经历，生存主义也许是俄罗斯人民最为普遍的心态或者思想倾向，它遍及各个阶层和年龄段。甚至到了繁荣的今日，私人别墅的院内也种植着土豆——生存主义的迹象依然随处可见。像普京这样的列宁格勒人或者说圣彼得堡人都是这种特质的最佳诠释。那段可怕的时期给每一个列宁格勒的家庭都留下了深深的伤疤。战后不久出生的弗拉基米尔·普京深知他的家庭和同胞遭受的苦难，他的长兄还死于围城时期。普京懂得，如果城市里有足够的食品，即便有纳粹的猛攻，他的兄长和其他人也不至于丧命。普京年幼时就明白，食品短缺会导致城市极度脆弱，引发危机。因此，对于普京和他的家庭以及所有的列宁格勒人而言，食品保障在城市运行中变得至关重要。的确，在 2003 年 6 月克里姆林宫的新闻发布会上，普京甚至提到自己为了糊口而亲历农耕之事。普京这样说到："我的父母从早到晚在地里辛勤劳作，他们也会让我在一旁帮忙。所以，我深刻懂得其中滋味。"[1]

在普京看来，与政治、社会和经济因素相比，历史的焦点更加注重个人行为。而从历史当中得来的经验、教训也适用于当代社会。弗拉基米尔·普京不仅从宏观历史，或者说国家历史中吸取教训，也从微观历史——他的自身经历中获取经验。普京在各种形式下，体验了许多有关个人生存的经历——包括童年时期凭借自己的机智幸存下来，和 20 世纪 90 年代在圣彼得堡赢得政治生存权利（担任副市长期间，食品丑闻几乎葬送了普京的事业生涯）。此外，他还经历了 20 世纪 90 年代的国家危机，和 2008 年 10 月的金融危机，这又让他有了别样的经历。

逃脱列宁格勒封锁的家族历史让普京吸取了经验，后苏联时代在圣彼得堡的生活经历更加深了他生存主义的信念。这些经历使普京深刻认识到保障基本食品的重要性。就在这时，苏联出人意料地解体，而此时的普京还必须应对让人措手不及的食品短缺危机。1991 － 1992 年间的冬天，俄罗斯首度推行自由市场政策。它标志着苏联时期从农村调配食品供应俄罗斯城市需求的惯例由此结束。在苏联计划经济制度下，农村与城市之间维持的关系也宣告结束。尽管在冷战的几十年里集体农场已经习惯了为工业中心和行政中心供应食品，但他们现在停止了一切供给，而是开始为自己储备食品。那年冬天，俄罗斯的大城市，特别是莫斯科和圣彼得堡已经濒临饥荒的边缘。

积贫积弱的俄罗斯联邦爱莫能助。正如叶戈尔·盖达尔在《帝国的倾覆》中描述的那样，在最初的三年内，苏联政府已经耗尽了硬通货。如此一来，是用有限的剩余资金进口粮食，还是稳定日常消费品的供应，成了两难抉择。甚至在苏联最终解体之前，各种物资也存在长期短缺的状况——从肉类、烘焙食品、糖、茶、面粉、谷物、蔬菜、鱼，到布料、鞋、儿童服装、建筑材料和火柴，范围十分广。[2] 到了 1990 年秋天，全国范围内食品和日常消费品都无法稳定供应。地区领导人看到商店外面“成百上千的民众为了购物排起长队”，既担心会出现暴动，又担心自己无力“拯救这个国家”。[3]

1991 年 5 月，时任苏联列宁格勒市议会主席的索布恰克给苏联总理帕夫洛夫写了一封满含绝望的信，他在信中指出，“列宁格勒的基本食品供应情况仍在恶化”，他还感叹，自己“曾多次呼吁苏联中央政府机关行动起来，并直接与联邦共和国的领导层正面接洽，但都没有得到有用的结果。”[4] 1991 年 11 月，列宁格勒已经更名为圣彼得堡，时任市长的索布恰克寄出更多的信，强调食品短缺问题“已经升级”，并指出“剩下的冷藏肉类只能保证这个城市三、四天的供应……根本无法保障该年 12 月至

1992 年年初能提供稳定的供给。”索布恰克预计，“这有可能导致圣彼得堡的社会、政治环境面临危险。”[5] 根据《消息报》上的一篇文章记载，在 1991 年里，全体俄罗斯人民都回到了自己生产食品的时期：“人们意识到必须自给自足。所以工作之余和周末，他们拿起铁铲和钉耙在分配的土地里干活。然而，这并非解决食品问题的有效方案。”[6]

的确，国内食品供应很快就彻底中断了。一旦苏联最终解体，通货膨胀将进一步摧毁苏联卢布的购买力。列宁格勒和莫斯科这样的城市仅有的选择就是利用这个国家不得不提供的、唯一具有真正价值的产品——自然资源，通过实物交易从俄罗斯以外的地方获得食品。1991 年，弗拉基米尔·普京升任为列宁格勒市对外关系委员会主席，负责协商用资源交换食品之事。列宁格勒缺乏开展实物交易的独立机制，所以普京为了方便交易，便委托一些私人贸易公司充当中间人。然而，这些私人公司只按起初的约定，将一小部分食品运送到列宁格勒，有些时候，从国外运进来的重要食品甚至被运送到了莫斯科。结果，普京的计划失败了，而且弄得人尽皆知，成为了一个政治丑闻。

俄罗斯裔美国记者兼作家玛莎·葛森（Masha Gessen）在她的著作《无脸的人》（The Man Without a Face）中详细记录了玛丽娜·萨里耶的故事，她于 1991 年五月到柏林去洽谈关于列宁格勒进口肉类和土豆协议，结果到达柏林时，她发现，普京已经以市政机关（而非委员会）以及一家名为“大陆”的列宁格勒贸易公司的名义签下了协议。后来，萨里耶发现从德国进口的物资被运送到了莫斯科，而不是列宁格勒。[7] 列宁格勒最终能够度过这次危机，只是因为那个冬天恰好没有想象中那么糟糕。此外，最重要的一点，人们储存下来的配给粮缓解了这场危机带来的不良后果。储备食品不仅是普京父母灌输给他的传统生存机制，也是人们在 1991 年这段时期学到的生存技能。普京个人也得到了苏联农业专家维克托·祖布科夫的帮助，才得以度过困境。1992 年 1 月加入普京团队的祖布科夫与列宁格勒和当地的食品供应商（不是私人企业）关系匪浅。祖布科夫也因此而成为了普京的重要亲信。

回忆起来，公共事业上的初次失败，似乎给普京上了两课。这两个课将会影响普京的经济管理模式，而这种管理模式最后还在他出任俄罗斯总统期间被运用到了整个国家经济的治理上。第一课是：灾难时期，俄罗斯生存的最终保障和国家的财富及发展，都只能依靠自然资源。因此，俄罗斯必须一直保证战略储备充足。第二课是：即使（特别是）能够大量盈利，私营企业也不可靠。这也是粮食资源管理不当的教训。在形势不稳或者不可预估的情况下，私营企业会放弃它们的社会责任，专门谋取私利。因此，国家和掌管国家的最高领导人必须预留可控的储备力量。这些都是他所学到的生存法则——下文中我们将再次回到这个话题上来。

二战和封锁列宁格勒是这一代俄罗斯人遇到的最大的威胁。因此，他们十分看重生存和保障，并且时刻做好最坏的打算。20 世纪 90 年代，圣彼得堡又一次重蹈封锁列宁格勒的覆辙。因而，为了避免因任何政策失误和外部环境剧变导致形势恶化，必须有相应的保障措施。2012 年总统竞选期间，普京会务俄罗斯媒体大亨，提及俄罗斯治理与发展时，重提了这个话题。他说：

当今政府面临着重重威胁，我认为我们的任务是创建一个能够不断发展的机构——一个对俄罗斯来说至关重要，又能够跟上世界发展变化脚步的俄罗斯政府。因此它必须能够应对外部挑战，保证我们的主权完整，而且它必须成为一个稳定的、能够在未来几十年为俄罗斯人民谋福利、促发展的政府。[8]

“在充满威胁与挑战的世界中生存，就意味着我们必须做最坏的打算，并且有应对外部威胁的能力和支撑。”2000 年以来，作为俄罗斯的杰出领袖，普京一直坚持着这样的执政理念。他将居安思危的意识应用到了国家工作中——拒绝任何在危急中可能拖后腿的措施。而且永远要有一个应急方案。应急方案的关键就是储备，例如个体粮食商户在大范围内进行食品存储，例如家庭存储土豆。作为俄罗斯的总统和总理，普京曾实施集中性的保护和储备政策，其中包括优先拨划稳定基金和增大外汇储备。

在生存中展望未来

1984 — 1985 年之间，普京在克格勃的红旗学院学习。这期间他最喜爱的便是美国的战略规划课本。受书中理念的影响，普京强化了扩大俄罗斯外汇储备的意识，甚至还将其广泛地应用到了实践当中。

这本由普林斯顿大学威廉·金（William King）教授与大卫·克利兰（David Cleland）合著的教材主要论述的是“如何在不确定的环境下做出规划”。金从事商业管理，而克利兰从事系统工程管理。他们所著的《战略规划与政策》(Strategic Planning and Policy)一书成为商学院的教材，其首版于 1978 年印制。[9] 我们不能确定普京是否真的在 20 世纪 80 年代读了这本书，即便他真的读过，那么此书的俄语版也是 1982 年由莫斯科美加学院在小范围内出版发行。但是，几乎毫无疑问，出版这本书是为特工服务，所以这本书至少在红旗学院是能读到的，甚至可能充当过课本。

金和克利兰强调，战略规划的精髓不是大范围规划，而是制定应急计划，以应对突发事件。关键就是如何做好最万全的准备，如果实在准备不当，又如何在不可控制、未曾预料的最糟情况来袭的时候灵活应对。此书作者强调的是战略规划在公司管理中发挥的作用。他们在书中详细论述了战略情报的概念，还专门设章节论述企业战略情报，包括金融战略情报的重要性。金和克利兰也曾总结说，战略规划的重点是建立目标体系。所有进行企业战略规划的人都要有能力识别、确定并且解释哪些是长远目标、哪些是可变甚至放弃的目标。一个规划者要有从短期目标中提炼出重点的能力，然后在此基础上，确定需要具体规划的目标。这是为了将次要的短期问题与具有战略意义的重要问题区分开。[10]

作为俄罗斯总统，普京表面上确实将金和克利兰的战略规划观点运用在了俄罗斯的国家规划和治理中。普京就职不久，就按照金和克利兰设想，制定目标——包括创建国家储备以应对突发事变。事实上，普京上任后的首要任务就是解决苏联后期战略物资储备枯竭问题，这种枯竭是苏联长期与资源短缺和粮食危机作战的结果。2001 年 7 月，普京任命来自圣彼得堡、并与之关系亲密的克格勃同僚亚历山大·格里戈里耶夫（Alexander Grigoriev）负责该项目。格里戈里耶夫被任命为“格斯里塞福”（Gosrezerv）项目的负责人。一部普京的俄语传记详细记录了格里戈里耶夫在克格勃的生活和工作情况，以及其与普京总统的情谊，书尾还附带了一张他们二人年轻时在乡间别墅的合影。上面写着“鲍里斯·叶利钦时代的战略储备几乎被偷光了。”[11]

这些国家储备都是在苏联和后苏联时期秘密建立起来的，主要是帮助国家度过战争时期、突发灾难和严冬。关于国家储备的思想历史悠久，大致可追溯到沙皇彼得大帝于 1700 年颁布的一项法令中。在彼得大帝打算扩张俄罗斯版图的时候，需要为出征的士兵准备足够的供给。[12] 不过，普京所继承的储备体系，大部分是由约瑟夫·斯大林在 20 世纪 30 年代部署的。1931 年，苏联颁布了一项建立“国中国”[13] 的法令，斯大林的储备体系就建立在这个法令的基础上。鉴于邻国对社会主义政权的敌对态度，当时苏联重点考虑的就是确保其能够依靠自身物资和工业资源自给自足。自 20 世纪 30 年代以来，这个储备体系几乎是“一成不变地延续至今”。[14]

如《消息报》2000 年 8 月刊登的一篇文章所言，“我们很难界定和了解‘格斯里塞福’的内容和规模。这个组织有意神秘化——它们没有入口标志、没有办公室，也没有网站。”但是这个组织在俄罗斯有着数百个处于重重保护下的安置处，包括大型仓库。《消息报》的这个作者就参观过其中一处，他说："一旦发生国际性大灾难，俄罗斯人民仅仅依靠这些储备，就能存活很长一段时间。"[15] 然而，这个机构的预算，和仓库数目、货物储藏量，都是国家机密。这些储备物资中除了全国民众所需要的粮食之外，还包括叶戈尔·盖达尔在《帝国的倾覆》中提到过的很多物品。这些物资都曾经是 20 世纪 80 年代和 90 年代的短缺物资，包括禽类、食品、军队制服和衣物、设备、大型机械、生成器、水气净化器、消防设备、粮食、铀、原油、天然气、精炼石油制品和其他主要物资。[16] 在灾难性的 1991 — 1992 年期间，列宁格勒（圣彼得堡）、莫斯科和其他俄罗斯城市主要用的就是这些物资储备。

战略储备在列宁格勒被围困这样的特殊时期帮助俄罗斯渡过了难关，普京也希望将战略储备用以稳定国内市场。为了在渡过危机之后，恢复重要商品的价格（类似于美国的石油战略储备）。2004 年 3 月，为了强调国家储备的俄罗斯特质，"格斯里塞福"更名为"罗斯里塞福"。正如一名记者在 2006 年调查该机构的工作时所言："本质上来说，'罗斯里塞福'就是要确保国家稳定。只要国家稳定，就没有人可以打倒我们、让我们屈服。"[17] 当时，普京的战略储备恢复计划正进行得如火如荼。同时，普京的同僚兼组织负责人亚历山大·格里戈里耶夫通过一系列访谈，列举出他巩固国家储备的初步计划。格里戈里耶夫坚信俄罗斯已经储备了足够的粮食、燃料、衣物、药品、和其余所需设备和物资，可供全俄罗斯全国人民使用三个月。基于 2006 年的物价水平，这些储备物资总值可达 1000 亿美元。[18]

令格里戈里耶夫引以为豪的是，世界上没有其他国家能建立起如此规模浩大、广泛而全面的战略储备。此外，他还强调，与国防部、联邦国内治安部、联邦安全局相比，俄罗斯国家储备署与维护俄罗斯国家安全，两者的重要性不相上下。它是这个安全机构网络（也就是权力部门）的重要组成部分，尽管它并不像其他机构那样为公众熟知。这项声明也因格里戈里耶夫办公室的特殊位置而更让人信服，那里靠近克里姆林宫，可以直接受到弗拉基米尔·普京的赞扬。[19] 的确，格里戈里耶夫在采访中总结了建立这个庞大且花费巨大的国家物资储备体系背后的总体精神，完全与普京总统在这个问题上所做的声明保持一致：

> 鉴于世界形势复杂多变，难以准确预测全人类或者俄罗斯联邦的未来局势。为了克服各种情况下资源短缺的问题，国家领导人控制国家物资储备成为了一种通用手段。然而，国家储备的库存不仅是国家安全保障体系的重要元素，也是维持经济稳定发展的关键因素。因此，对国家储备缺乏重视就会导致严重的后果。1917年苏联解体的原因之一就是国家储备枯竭。相反，卫国战争前（由斯大林建立起来的）国家物资储备帮助我们渡过了难关，并取得胜利，之后还使我们有能力重建经济。[20]

在普京看来，国家储备和经济之间的这种联系非常重要。2000年6月，他将储备的概念从物资领域扩展到金融领域。普京指派了一位在圣彼得堡时与自己十分亲厚的同事负责这项任务，这个人就是经济学家阿列克谢·库德林，之前他曾在索布恰克政府担任副市长，负责金融方面的工作。1996年，库德林调到莫斯科担任总统行政处副主任，1997年3月成为俄罗斯财政部第一副部长。1996年，经他介绍，普京被调到莫斯科，进入总统办公厅任职。2000年5月，普京任命库德林为财政部长。与之前一样在圣彼得堡时一样，库德林负责经济的宏观调控，继续为普京总统和俄罗斯效力。库德林和普京的共同目标是减少国家债务负担、减少全球经济波动对俄罗斯的影响，并建立充足的金融储备，抵御严重经济衰退。普京、库德林和他们周围的其他人从苏联的经验中吸取的教训就是：一个国家的金融和财政状况与主权有着密不可分的关系。

正如叶戈尔·盖达尔在其著作《帝国的倾覆》中描述的那样，苏联的解体表明，如果一个国家丧失了财政自主权，就难以凭借单纯的军事实力捍卫国家主权。[21]一旦丧失了主权，就避免不了外部压力和控制，也就不能掌握自己的命运，那么，生存也就变得毫无意义。苏联后期，由于石油、天然气和其他自然资源的价格高昂，苏联从中获取了巨大的财富。不久之后自然资源价格又急速下滑。然而，苏联对资金的管理十分松散。由于欠下西方高额债务，苏联选择了牺牲财政主权，最终导致政治主权和独立权纷纷丧失。20世纪90年代，俄罗斯负债累累，十分依赖国际货币基金组织的资助以及世界银行的借款。普京、库德林和他们的同事深知，美国和西方正是利用这一点在操控俄罗斯。1994年前苏联军队从波罗的海撤退事件就是莫斯科在外交政策上被迫妥协的一个典型例子。[22]

1999－2008年，也就是弗拉基米尔·普京第一个总统任期的10年间，俄罗斯成为世界上经济增长最快的国家之一。这与苏联后期形成鲜明的对比，其中的主要原因是俄罗斯石油和天然气价格上涨。石油和天然气产生的资金融入到俄罗斯其他的经济产业中，为制造产业（例如钢铁和机械业）提供了支持。个人收入的大幅增长则进一步推动了零售行业、建筑业以及房地产行业的发展。普京和库德林首先利用新时期石油价格猛涨时获得的意外之财，偿还了国家的外债，并且建立起了俄罗斯未来的外汇储备。在1999年8月普京首次担任总理的时候，俄罗斯的外汇储备就开始下降，并且下降趋势不断持续。到2000年1月，普京继任总统的时候，外汇储备已低至85亿美元，而政府外债高达1330亿美元，其中欠国际货币基金组织的债务就有166亿美元。到2007年底，政府外债减至370亿美元，俄罗斯成为世界上债务与国内生产总值比例最低的国家之一。到了2008年中期，其外汇储备超过6000亿美元——世界排名第三。[23]

1998年俄罗斯受到金融危机的严重冲击。当时正是1997年亚洲金融海啸余波未平之时，俄罗斯面临着债务违约和卢布贬值的双重考验。而这之后10年之间建立起的外汇储备，帮助俄罗斯和普京抵御住了2008年10月的全球金融危机。2008年的金融危机，特别是随之而来的油价下跌确实让俄罗斯遭受到沉重打击。从2008年6月到2009年1月，股票市场近80%的价值随之蒸发。2009年，俄罗斯国内生产总值同比下降了7.9个百分点，工业产值下降10.8个百分点。但是，政府推出了一系列实质性地救助和刺激措施，最大程度保护了国内经济。同一时期，国内实际收益继续增加（尽管幅度较小），失业率也比欧洲其他地区要低。俄罗斯抵御危机的能力相当强，这得益于普京和库德林在石油繁荣时期和2009年初油价反弹时实行审慎的财政和金融管理政策。与20世纪90年代相比，俄罗斯的外汇储备在维护其金融主权以及公民福利方面发挥了至关重要的作用。[24]

在普京看来，2008年10月的金融危机证明了他和库德林的财政保护和极端自保政策能增强俄罗斯对短期冲击的反弹能力，因此他巩固了这一政策。普京在2012年4月担任总理时发表了年度议会演讲，明确提到了这一点。他还强调，如果下月再次获选成为俄罗斯总统，他将继续推动这一进程。普京在演说中声称："评定过去四年的结果，我们可以据实而论，俄罗斯不仅战胜了金融危机，也向前迈出了意义非凡的一步。我们比以前更加强大了。"外汇储备就是这一成就的关键所在："如果出现了危机，我们能向何处求助？希腊向欧盟求援，就可以得到援助。但是谁会给我们资金援助呢？即便有人愿意提供给我们，但那要附加什么样的条件呢？我清晰记得2000年后的情形，当时我们负债累累，人们借机向我们强加各种各样的条件……身处俄罗斯，我们面对着一系列特定的条件——没有国家储备的处境是十分危险的。"这段时间与20世纪90年代形成了巨大反差，他认为："如果是在20世纪90年代初和在1998年，经济上的重创就会让数百万同胞受难，而2008年至2010年间的金融危机，政府（我的祖国）在接受考验时，充分展现了其偿还能力。"

20世纪90年代，俄罗斯未能经受住考验，濒临破产。到了21世纪，俄罗斯已具备很强的偿还能力，并且出色地通过了考验。2012年4月普京在致财政部同仁的演说，以及担任总理期间的一次演说中，都明确赞扬了该部以及阿列克谢·库德林在这个关键时期（此时阿列克谢·库德林已卸职财政部长）担任财政部长所发挥的重要作用。普京指出，正是由于财政部富于远见的工作，国家才能够准备充分，应对2008年的经济危机。通过创立两项主权基金——储备基金（Rezervnyy fond）和国家福利基金（Fond natsional'nogo blagosostoyaniya），俄罗斯及其财政部形成了强大的财政承受能力。他对财政部人员直接表达了感谢，还有“其前任，曾效力多年的部长——阿列克谢·列昂尼多维奇·库德林——感谢他们的专业精神、不屈不挠的意志和强烈的责任感，以及坚定不移执行国家选择的财政战术、战略的做法。”[25]

在这些建立储备（包括物资和金融两方面）的实例中，侥幸渡过危机与在生存中展望未来存在着显著的差异。前者是消极状态，后者则是积极状态。幸存者能够侥幸渡过灾难主要得益于好运气。生存主义者则采取各种措施，提升生存的机会。对普京来说，他的家庭经历、他对草根阶层基本生存机制的第一手观察和了解，他对俄罗斯从早期帝国时代一直到 20 世纪 90 年代的历史的近距离解读，以及他针对西方教科书中战略计划重要性所做的研究，都进一步使他的这种展望得到发展和升华。普京显然认为让俄罗斯处于物资、财政或者政治上的脆弱状态是十分危险的。所以俄罗斯最好自食其力，哪怕付出高昂的代价。

对待对手也要心怀敬意

普京经常讲述自己在列宁格勒成长期间凭借自身能力生存下来的故事，也就是他蜕变为俄罗斯总统的成长历程。奥列格·布洛特斯基根据采访内容撰写的普京传记中，就曾经专门描述了普京在列宁格勒的“大杂院”中度过的童年生活。其中一个名为“‘沙坑’街道”的章节叙述了普京幼年时——大约7岁左右——的一次打架经历。普京在采访中说道，受生活环境影响，他在学校是一个叛逆少年。因此遭到“少年先锋”——苏联少儿组织——的排斥。他经常和社区内拉帮结派的男孩儿们厮混在一起，到处打架滋事，惹是生非。对普京来说，这些经历不过是孩童时期未经人事的胡闹，但是这却对他的性格不无影响。

我第一次挨打可不是什么光彩的事。那是社会这所“大学”教给我的第一课。我从中得出了四个结论。第一，是我的错。那次打架的细节我已经记不清楚了，但是，起因确实是我无缘无故侮辱了对方。所以只能说那次挨打是我自找的。第二，这种行为是不对的，你应当对别人表现出尊重。那是我亲身体验得出的教训！第三，任何情况下——无论自己是对是错——我都必须变得更强大。如果挨打，一定要有能力反击。第四，在遭遇冒犯或者侮辱时一定要立即反击，一定要在第一时间回应过去！我只知道，如果想要赢得胜利，你就必须战斗到最后一刻，把它当做是最后的决战。这需要破釜沉舟的勇气，和坚韧不拔的毅力。这是克格勃内部一条众所周知的原则，但是我却在进入这个部门之前——早在孩提时代——就已经从打架中自己领悟到了。[26] 可以说，普京这次打架的经历对他的人生产生了至关重要的影响，使他成为了一个性格强势的硬汉、从此以后，普京成为了一个“时刻准备着”的人。在此之后的任何一场“战斗”中——不管是打架，还是之后在权力中心运筹帷幄，都用自己的自信和强势保持着不败的战绩。

到了十一岁左右的时候，普京就不再上街鬼混了。他把自己曾经打架的精力转移到了运动上。首先学习拳击，然后桑搏，最后开始真正学习柔道。体育精神让他为竞争做好了的最佳准备，也教会了他更严肃的一课——尊重对手、强大内心，为每一次竞争做好万全准备。[27] 普京似乎把这些经验教训全部运用到了另一次政治挑战中——第二次车臣战争。1996 — 1997 年车臣停战协议终止之后，车臣共和国陷入一片混乱：民众自相残杀、绑架事件时有发生、杀伤和恐怖袭击频繁上演。1998 — 1999 年，普京掌管俄罗斯联邦安全局期间，车臣形势失控。车臣分裂主义领袖阿斯兰·马斯哈多夫（Aslan Maskhadov）逃过了一系列的暗杀，并在格罗兹尼宣布成立临时政府，挑衅俄罗斯联邦安全局。

1999 年 3 月，俄罗斯内务部驻车臣大使根纳季·席比甘（Gennady Shpigun）被武装分子绑架并杀害。1999 年 8 月，暴力事件愈演愈烈，开始从车臣扩散到俄罗斯其他地区。那时普京刚刚获任俄罗斯总理。为了支援伊斯兰好战者入侵达吉斯坦共和国，俄罗斯臭名昭著的军阀沙米利·巴萨耶夫领导一众车臣叛军发动了一系列厚颜无耻的绑架、恐怖袭击事件。叛军与当地政府僵持不下。巴萨耶夫入侵达吉斯坦之后，对士兵基地以及居民住宅区进行了一系列袭击，导致数百人死伤。1999 年 8 月至 9 月底，鲍里斯·尼古拉耶维奇·叶利钦对车臣发动了大规模空袭，并进行了一系列的近地袭击。1999 年 12 月，普京就任代理总统，当时俄军包围了格罗兹尼，并且有望再一次粉碎它。同时，俄军还在车臣山区南部与车臣部队公开交战。[28]

普京的政治生涯与这次残酷且毁灭性的车臣战争关系非常密切。在许多分析家与评论家的眼里，这是一场“普京之战”——不仅与普京这个名字息息相关，也普京个人发起的战争。[29]甚至有观察家认为这是弗拉基米尔·普京和鲍里斯·叶利钦集团故意挑起的战争——他们才是真正的煽动者。这些人认为，克里姆林宫上层希望利用这场战争推动普京走上总统之位——毕竟在这之前普京只是一个俄罗斯安全部门的领导。[30]担任总统之后，普京在访谈中向布洛茨基明确表示，他将不计成本、毫不留情地将这场战斗进行到底，确保事情圆满完成。

1999 年 9 月普京担任总理期间，曾经发表过一篇著名演讲。他在演讲中表示，如果有必要“反击”——这是普京第二次在采访中使用这个词——他不介意将车臣的叛乱者和恐怖分子逼入绝境（在普京的俄语演讲中，这个情形描绘得更加凄惨）。在另外一次讲述竞选历程的采访中，普京甚至宣称“我的使命，我的历史使命——这听起来有些虚夸，可事实的确如此——就是解决北高加索地区的混乱。在那个时期，一切都是未知数，我很清楚，显然大家也很清楚‘这家伙要完了，看他怎么处理北高加索地区的烂摊子。’我处理这件事的方式就是告诉自己：‘见鬼去吧！我有足够的时间把这群强盗赶出去——哪怕要两个月、三个月甚至四个月。’”[31]

为了确保俄罗斯军队在车臣战争中不会因物资缺乏（包括冬天缺保暖衣物）而影响作战能力，作为生存主义者的普京动用了国家战略物资储备。这些储备物资一部分作为部队供给，另一部分作为政府处理战后状况的专项物资。这次战争伤亡惨重，而且涉及包括俄罗斯和车臣在内的多方势力。就像列宁格勒封锁一样，平民百姓也伤亡惨重，这些伤亡不仅发生在车臣，甚至扩散到了北高加索其他地区，甚至俄罗斯其他地区，包括莫斯科。在普京完成他的“使命”之前，首都莫斯科和其他安防不够严密的地方也发生了多次备受瞩目的恐怖袭击。这些袭击大部分是由沙米利·巴萨耶夫（2006 年 7 月被杀害）策划的。2002 年，他率领叛匪在莫斯科大剧院绑架了850人，对客运火车和莫斯科地铁实施多次爆炸袭击；2003－2004年，他们摧毁了一架俄罗斯商用飞机；2004年，他们绑架了北奥塞梯别斯兰市（Beslan）的1000多名学生。俄罗斯分析家利利娅·舍夫佐娃（Lilia Shevtsova）在她所著的《普京传》（Putin's Russia）中写道："车臣变成了一个'全天候屠宰场'。"[32]

普京在他的自传《第一人》（OT Pervogo Litsa）中说自己是即将捐献头颅的"孩子"，这与他接受布洛茨基访谈时所表达的理念是一致的。通过这种特指的个性化说法，普京显然是在向车臣和俄罗斯民众传递一个讯息——不要低估普京，他不会退让。他有对抗这场战争的物资储备。他是一个坚定而自信的幸存者。他是一个知道如何为持久战做好恰当准备的生存主义者，他必定会取得胜利！2002年4月，普京和俄罗斯政府宣布第二次车臣战争取得胜利。

2012年，普京再次当选为总统。尽管俄罗斯方面在到处宣扬普京的胜利，但事实上他们仍然每天都在与北高加索地区的伊斯兰激进分子、叛乱者以及恐怖袭击抗争。在普京看来，他们在某种程度上确实取得了胜利。俄罗斯政府经过两次浴血奋战，最终都从车臣战争中生存了下来。21世纪初期，几乎所有在20世纪90年代占领了该地区的车臣独立分子都被清除了。1991年，车臣分裂失败，车臣共和国再一次成为了俄罗斯联邦的一部分。不过，普京清醒地知道车臣曾经差点分裂了俄罗斯，而发生在北高加索的战争也有可能重演。第二次车臣战争之初，普京在一次访谈中提到，如果不结束车臣战争，俄罗斯就可能瓦解：

相信我，1990－1991年年间，我们能明显地感觉到，国家正濒临崩溃的边缘。现在，危机在高加索地区。北高加索和车臣现在的局势预示着什么？预示着这是苏联解体的一个延续。很明显，这种形势必须在某个时候终止。是的，曾经我以为随着经济增长和民主制度的完善，高加索地区的危机形势会有所缓解。但是经验和现实都告诉我们并非如此……如果我们不加快脚步采取措施，如今的俄罗斯也会不复存在。在当时那个拐点，我们讨论的是怎样防止国家解体。我知道这可能需要牺牲我的政治生涯。但是，我不在乎，这已经是最小的牺牲了。我估算着有几个月的时间可用来强化军队，整顿内务部和俄罗斯联邦国家安全局，并寻求公众支持……我确信如果我们不能立即制止极端势力，很快我们就将在俄罗斯联邦全境面对第二个南斯拉夫——俄罗斯的南斯拉夫化。[33]

这番回答中体现了许多经典的普京式思维和做法，明确展现出普京中央集权论者，历史的学生以及生存主义者的形象。国家倾覆的危险性，不惜一切代价拯救国家的重要性以及维护国家统一的必要性，这三种要素与这些身份相互交织，使它们紧密地联系在一起。在普京扮演生存主义者的角色时，普京提到的“极端分子”意义重大。极端分子对于国家的生存而言是一个极大的威胁。在此，他并非单纯指车臣伊斯兰主义者或者分裂势力。普京清醒地认识到竞相兴起的民族主义和分裂主义运动——包括俄罗斯极端主义——都在为俄罗斯帝国和苏联的分裂推波助澜。这些运动都对俄联邦的完整性造成了严重的危害，甚至煽动了车臣战争。[34] 在与车臣武装分子一直坚持到最后的战斗中，普京需要一个足以驾驭整个战场的战略，也正是此时，在“‘沙坑’街道”获得的另一个教训——你需要尊重别人——派上了用场。

为生在俄罗斯而自豪

车臣谋求独立，莫斯科方面就进行武力镇压，这种打压方式并没有遏制情势发展，反而造成了一场危机。自 20 世纪 90 年代开始，这场危机使俄罗斯的伊斯兰团体、非民族公民与正统斯拉夫民族势同水火。对普京来说，要想振兴俄罗斯这个多民族国家，建立一个不可分割的统一俄罗斯十分关键。但是这场危机却严重阻碍了他的理想。[35] 车臣战争以及相应的镇压叛乱行动严重破坏了车臣的经济，邻近的北高加索地区受到严重波及，几乎完全依靠莫斯科的供给在维持。而当时正值 2008 年金融危机，这种支援行动引起了俄罗斯民族主义爱国人士的强烈抗议。

进入 21 世纪的前 10 年，正统俄罗斯人和居住在莫斯科以及俄罗斯其他城市的北高加索地区少数民族代表之间频繁发生冲突事件，时常有人在冲突中死亡。2010 年 12 月曾经发生过一起著名事件。一位俄罗斯球迷与某位来自北高加索地区的青年发生了争执，在两人的争执中，俄罗斯球迷不幸身亡。为了悼念这位球迷，俄罗斯民众在克里姆林宫外的中央马涅日广场上举行了一场集会。集会期间，几千人的人群与警察发生了冲突。这次事件被媒体大肆宣扬，他们认为这件事代表着俄罗斯内部民族间的矛盾不断加剧，欧美式的种族暴动不久将成为俄罗斯政治生活的中心。[36] 俄罗斯议会选举结束之后，2011 年 12 月俄罗斯民众爆发了大规模抗议，俄罗斯民族主义者提出的“停止攻击高加索”的口号也成为他们的抗议主题。

迎合俄罗斯民众的煽动性政策和摆脱车臣及其周边地区再次成为弗拉基米尔·日里诺夫斯基和其他民族主义政治家巡回演讲的主题。

普京在自己的演讲中，例如2011年11月统一俄罗斯党代会上的演讲，公开赞扬一切反分裂主义和极端主义的行为。与此同时，普京赞同了俄罗斯民族主义者宣扬的增强国力重要性的想法。这些爱国团体中包括政府自己发起的青年运动——纳什党（Ours）。[37] 纳什党其实有一个不为人知的正式名称——青年民主反法西斯运动。这些举动显然是准备赋予这些组织一个包罗万象的反极端主义面貌，其根本目的是唤起学生和年轻专业人才的爱国精神，从而动员他们支持克里姆林宫的政策。

除了利用花言巧语来阻止极端主义言论，普京还于21世纪最初10年的末期，提出与车臣和解，并促进车臣共和国融入俄罗斯联邦政体。2011年11月正值议会选举前夕，普京在莫斯科举行的瓦尔代国际辩论俱乐部会议上，针对性地强调有必要向车臣表示尊重，以此回应一位与会者提出的在北高加索地区继续实行暴力政策的建议。与车臣人民和车臣共和国和解的思想也是尼基塔·米哈尔科夫2007年执导的电影《12》的主题，这部电影翻拍自美国导演西德尼·吕美特的电视剧《12怒汉》。在电影中，米哈尔科夫（他同时也是著名演员）扮演了仲裁主席的角色。这个角色取材于普京本人，是一位强硬却又富有同情心的前克格勃官员。米哈尔科夫扮演的仲裁主席体现出了普京的处境，在剧中努力说服其他的陪审员同意被告无罪。被告是一位车臣青年，被控告谋杀俄罗斯军官——他的继父。这位青年看上去遭受了巨大的痛苦，并且很有可能被一伙歹徒诬陷。电影的结尾颇有“普京风格”，仲裁主席誓言将亲自追捕真凶。

与米哈尔科夫的电影同期，普京公然向备受争议的年轻车臣领袖拉姆赞·卡德罗夫（Ramzan Kadyrov）示好。20世纪90年代，卡德罗夫是车臣的穆夫提（伊斯兰教教法权威），也就是宗教领袖。第一次车臣战争后，卡德罗夫与其他分裂主义领袖意见不合，他转而与俄罗斯结盟，带着大批曾经与俄罗斯军队交战过的武装部队投奔了莫斯科。卡德罗夫宣誓效忠俄罗斯之后，他和自己部队在第一次车臣战争中犯下的罪行得到了赦免。然后他们受命追捕那些依然拒绝投降与和解的其他部队，以及国内与此意见相左的对手们。2004 年 3 月，就任总统一年之后，老卡德罗夫被暗杀。当时，年轻的军事领袖卡德罗夫只有二十岁，还不能继任父亲的职位。于是卡德罗夫先在车臣共和国政府担任代理总理兼各种代表，直到 2007 年他三十岁时，才正式就任总统。

担任车臣共和国总统之后，卡德罗夫一方面因为重建格罗兹尼（这一过程中俄罗斯提供了大量资金支持）受到普京的赞誉，另一方面，由于武力控制政权，残暴镇压异己势力而受到俄罗斯以及国际人权组织的谴责。这种俄罗斯第一领袖与地方军阀交好，并且合并军队的举措可以追溯到 19 世纪沙皇俄罗斯时期的高加索战争——这是普京以史为鉴、在现实事件中运用历史经验的又一个实例。

在车臣以及北高加索地区的战争、民族主义者之间的冲突、宗教意见不和，以及俄罗斯爱国主义者的抗议等事件中，普京及其团队将普京刻画成了一个最理智的俄罗斯代言人，并且暗示着只有他才能拯救俄罗斯，保证俄罗斯的复兴。普京的公关团队让公众认为，普京站在纷争之外，并且有能力克制诸如弗拉基米尔·日里诺夫斯基这样的激进派势力。俄罗斯官员与克里姆林宫评论员最常引用的一句评价就是：“弗拉基米尔·普京比 99% 的俄罗斯人都要理智。”这其中想要传达出的信息，就如一个俄罗斯自由记者所言：“如果弗拉基米尔·普京这号人物不存在的话，俄罗斯民众会选出一个新的希特勒。”这是普京惯用的多种政治手段之一。这个战术在 20 世纪 90 年代时就已经被运用过，针对的依然是同一群人。鲍里斯·叶利钦和他的政治团队常常将弗拉基米尔·日里诺夫斯基以及其他的民族主义政治家比喻成“我们身后的洪水猛兽”——暗示如果鲍里斯·叶利钦不当政的话，法西斯政权就会在俄罗斯只手遮天。

2011 年 12 月 15 日，普京参加了一档电视电话访谈节目。显然提问的现场观众和全国各地打进电话的观众都经过了严格筛选，但是普京正面回答了他们提出的问题，并且反驳了车臣和北高加索地区是导致俄罗斯冲突的根源。提问的观众中有一位母亲，她的孩子遭到了高加索人的暴打。普京回答她说：“我想告诉你，请相信我，高加索也有好孩子，那里的人也拥有所有最好的人类品质。不幸的是，与此同时，无论是高加索、莫斯科、我的故乡列宁格勒或者说圣彼得堡，还是世界上任何一个地方，都有可能会出现一两个混账。” 2012 年 1 月份《独立报》（Nezavisimaya Gazeta）发表了一篇题为《俄罗斯：民族问题》的文章。普京在这篇文章中强烈批评了“停止支援高加索”的呼吁：

> 我始终坚信，宣扬俄罗斯种族或者单一民族俄罗斯国家的思想与俄罗斯上千年的历史相违背。这种思想只会轻易摧毁俄罗斯及其人民，或者摧毁地球上的任何一个国家。今天他们叫嚣着“停止支援高加索”，明天就有可能变本加厉为“停止支援西伯利亚、远东地区、乌拉尔山脉地区、伏尔加地区或者莫斯科”。这是那些使苏联解体人士的惯用伎俩。至于“顺应天命”这种臭名昭著的概念，只是众多政客们用以追求权力和地缘政治红利的口号而已。从弗拉基米尔·列宁到伍德罗·威尔逊（Woodrow Wilson），俄罗斯人民早已经做出选择——他们希望建造一个以俄罗斯传统文化为中心，多民族文化共存的国家。在千年的历史中，俄罗斯人民用鲜血——而不是公民投票选举的形式——一再证明了这个选择。

普京的这篇文章非常重要，因为它强调了保证俄罗斯生存下来的重要性，而且将这种生存（这是牺牲了数百万人的生命换来的）与保护俄罗斯民族多样性联系起来了。与弗拉基米尔·普京的大多数文章和演讲内容一样，这篇文章反应了许多俄罗斯 20 世纪 90 年代思想家的思想。这一次这篇文章中体现的主要是瓦拉里·季什科夫（Valery Tishkov）（俄罗斯科学院人类学研究院主任）的思想。1992 年，季什科夫为鲍里斯·叶利钦首次建立了民族部，专门避免或解决会造成俄罗斯联邦解体的威胁。然而他只在这个部长的职位上干了一年，就回到了科学院。在莫斯科被迫与鞑靼斯坦共和国（Tatarstan）以及其他地区缔结双边关系的时候，民族部是最积极主动的。然后，这个部门的职能逐渐扩大，开始处理移民问题。2001年，普京开始强调建立统一俄罗斯的重要性，将该部门解散。

季什科夫在关于民族问题和种族问题的众多学术作品中，批判了俄罗斯对待车臣共和国和车臣人民时的残暴。他强调应当与车臣共和国再度合作，将车臣再次纳入俄罗斯的政体之中，并且让莫斯科与车臣人民达成和解。季什科夫同样支持向市民们灌输“后民族主义”的思想——将他们称之为“俄罗斯民众”而不是“俄罗斯民族”。在他所有的书籍和文章中，他都强调，任何时候提到俄罗斯人都应当使用中性词“俄罗斯民众”，以克服根植于俄罗斯国家及民众概念里的特殊民族神宠论。在20世纪90年代，叶利钦在所有公众演讲中，都小心翼翼的秉持着这种做法，正如普京在“千年致辞”中提到“俄罗斯意识”时拥护这个观点一样。

在普京看来，与革命性变革，资源以及储备不足一样，缺少团结将会对俄罗斯的生存造成极大的威胁。保持团结和稳定是维护国家生存所必须的，因此可以不惜一切代价——无论是将格罗兹尼打压到底，还是杀害成千上万的俄罗斯民众。在列宁格勒保卫战中，正是成千上万俄罗斯人民的牺牲（普京家族也有人丧生在这场保卫战中）保住了这座城市。第二次世界大战中，为了使这个国家在纳粹的入侵和占领中幸存下来，牺牲了更多的人。事实上，在这段极其黑暗的时期，约瑟芬·斯大林（战时苏联领导人）停止抨击沙皇的过错，而是开始从历史中寻找苏联人民团结的有力证明，并进行宣传，力求帮助苏联逃过此劫。

俄罗斯母亲的形象取代了苏联。那个时代的宣传海报上，一个戴头巾的妇女催促人们为了俄罗斯的生存而战——祖国母亲需要你！这就相当于美利坚合众国的“山姆大叔需要你！”海报中还有古代俄罗斯英雄的形象，例如用亚历山大·涅夫斯基（2008年普京和他的团队专门宣扬了这位英雄的丰功伟绩）鼓励俄罗斯民众反抗纳粹德国1942年的入侵，就像涅夫斯基

700 年前在同一片土地上对抗日耳曼骑士入侵一样。斯大林还从苏联的其他民族当中寻找爱国英雄，其中包括一些中亚地区以及高加索地区的英雄人物，用他们的故事将多民族苏联民众团结起来，共同抵御外敌。第二次世界大战成为了一次伟大的爱国主义战争，也为弗拉基米尔·普京以及二战以及之后出生的人，书写了极致的生存主义篇章。

20 世纪 40 年代，为了帮助国家在第二次世界大战中生存下来，斯大林对前苏联历史进行深度挖掘，利用历史上的爱国英雄将俄罗斯民众团结起来。到了 21 世纪，普京也采取了同样的做法。不止是历史上的爱国英雄，普京还宣扬了另一个特殊群体——所谓的白俄罗斯移民。这些人大多数都是俄罗斯人，他们或者是沙皇时期的仆人，或者是支持沙皇统治制度的知识分子。在俄罗斯帝国覆灭的时候，这些人背井离乡离开了俄罗斯，也因此避开了 1917 年的革命。这些“移民”大多逃到了欧洲，也有一少部分去了美国。他们抵制苏联共和国的意识形态，但是心中又一直认可俄罗斯国家的存在。这些人中有很多都是作家，他们一直尝试建立一种复兴俄罗斯的意识形态基础，以便在苏联覆灭时派上用场——而 1991 年，苏联也的确解体。这些作家没有在苏联生活的经历，他们在 20 世纪 30、40 年代，甚至直到 20 世纪 80 年代都在讨论“俄罗斯到底指什么？”于是形成了复兴俄罗斯战略思想的雏形。

20 世纪 90 年代，他们的思想传回了现代俄罗斯，将俄罗斯帝国末期与苏联 70 年的共产主义联系了起来。在这些移民作家中，有两个人尤其出类拔萃——宗教哲学家伊万·伊利恩（Ivan Ilyin，1890-1938）和语言学家尼古拉·特鲁别茨科伊（Nikolai Trubetskoi）（1890-1938）。他们与苏联历史学家、人类学家以及地理学家列夫·古米廖夫（Lev Gumilev，1912 — 1992）一起，为形成促使俄罗斯复兴的思想做出了巨大的贡献。这些思想也成为普京 21 世纪治理俄罗斯的主要思想。

伊万·伊利恩和彼得·斯托雷平 (Pyotr Stolypin) 是弗拉基米尔·普京担任总统和总理期间最喜欢引用的两位思想家。和斯托雷平一样，伊万·

伊利恩对国家复兴以及培养爱国主义有很多独到的见解。伊万·伊利恩在作品中表示，为了应对新时期的危机并引导国家政府，当务之急是建立一种全新的俄罗斯国家意识，这一点尤为重要。而这种国家意识必须由那些接受过全新政治、文化以及思想熏陶的精英们带领民众寻找。伊利恩认为这种国家意识应当主要建立在宗教信仰以及人民"爱国之情"的基础上。他一方面要求精英人士使政府"宗教化"，另一方面希望他们能够引导具有"自由创意"的俄罗斯人民。他希望精英人士不要高估政府的力量，而是帮助建立一个坚实的俄罗斯中产阶级，一个自由而前景广阔的农民阶级以及一个团结友爱的工人阶级，然后通过这些阶级来支持政府的运作。伊万·伊利恩反对政府干预个人或者企业发展。尽管他极力提倡发展壮大基督教，但伊利恩仍然认为宗教应当多样化，并且实现政教分离。最终，伊万·伊利恩对法治政府的重要性坚信不疑。伊万·伊利恩提出的这些概念，都得到了普京的口头应允。

许多分析家都认为普京（或者他的克林姆林团队）对伊万·伊利恩及其作品十分推崇——尤其是他在 2005 年、2006 年、2007 年的国家讲话中都提到了伊万·伊利恩。2005 年，在电影导演尼基塔·米哈尔科夫（米哈尔科夫再一次在这些问题上扮演了主要角色）的极力倡导下，伊万·伊利恩的遗体从瑞典运送回国，同其他知名的白俄罗斯移民们安葬在一起。当时正是 21 世纪的前 10 年，俄罗斯国内正在重建曾经推倒的雕像、教堂，并为曾经的英雄正名。在这个时刻将伊万·伊利恩的遗体运回俄罗斯并安葬，这一举动中体现出的信息简单明了——俄罗斯当局希望能够修补俄罗斯与苏联时期之间的裂痕。就像伊万·伊利恩的遗体回归了俄罗斯的土地一样，俄罗斯的两个时代也象征性地再一次结合了起来。2009 年 5 月，普京来到位于莫斯科顿斯科伊修道院的伊万·伊利恩墓碑前祭奠，专门强调了这一点。他的这一举动受到了广泛好评。

虽然普京对另外两个作家——特鲁别茨科伊和古米廖夫——的重视程度没有对伊万·伊利恩那么高，但是这两位思想家的作品中体现出了俄罗斯文化继承上的双重性——一些来自于欧洲，还有一些来自于亚洲草原上斯拉夫和突厥文化的融合物。亚洲草原西起乌克兰南部，穿过俄罗斯南部地区一直进入哈萨克斯坦和中亚，最后向东延伸至南西伯利亚，是一片广阔的大草原，因此严格来说应当称为欧洲大草原。俄罗斯位于这片草原的中心地带，发展出了其独特的文化。基于这点事实，两位作家提出，俄罗斯应当走一条与欧洲国家不同的、适合俄罗斯的欧亚发展道路。20 世纪 90 年代，特鲁别茨科伊和古米廖夫因为在后苏联时期的俄罗斯激发了所谓的欧亚思想而备受赞誉。普京完全赞同这种观点，并在 2011 — 2012 年将这个思想应用到自己建设一个欧亚联盟的战略中去。普京的欧亚联盟是一个经济政治联盟，范围除了涵盖俄罗斯帝国以及苏联时期的地区以外，还包括乌克兰和哈萨克斯坦。当时，这个联盟也有意替代如今已经基本上不复存在的独联体（CIS）。

欧亚联盟主义在俄罗斯单一民族的观念和俄罗斯多民族的现状之间，架起了一座桥梁。这种战略思想既允许斯拉夫人和正统俄罗斯人这样的概念存在，也允许亚洲草原上俄罗斯以外的亚洲人与他们共存——这其中就包括车臣以及高加索地区。这种思想传达出俄罗斯能够容纳多民族、多种族、多宗教，也能与多国共存的思想。列夫·古米廖夫是著名俄罗斯诗人尼古拉·古米廖夫和安娜·阿赫玛托娃之子，因为父母反对布尔什维克的政策，古米廖夫受到株连而被判决。在苏联最黑暗时期他长期被监禁在古拉格集中营内，幸运的是最终幸存了下来。古米廖夫 1992 年逝世，死后留给了世人丰富的学术作品。虽然这些著作被列为禁书达几十年之久，但是戈尔巴乔夫后期，这些作品纷纷解禁，进入公众的视野，并成为了 20 世纪 90 年代的畅销书。

打造“理想俄罗斯”

从普京的一言一行中可以明显看出，他非常憎恶分裂国家、采取分裂性政治政策的行为，因为这对俄罗斯来说也是一个巨大的威胁。经历了20世纪90年代的冲突以及动荡不安，在1999年的“千年致辞”和2012年竞选总统时发表的关于国家问题的演讲中，普京都呼吁俄罗斯民众放下历史纠纷，让国家在新时代中发展。斯拉夫人和欧洲人、俄罗斯白军和红军、左派和右派、自由党和法西斯不再对立，克格勃不再针对普通百姓，犯罪者也不再与劳改营和古拉格集中营的受害者们势不两立，自然也没有俄罗斯族与其他少数民族的对立。在这一点上，普京就像科马洛夫一家——这对夫妇是美籍俄罗斯裔小说作家弗拉基米尔·纳博科夫（Vladimirovich Nabokov）的小说《普宁（Pnin）》中的一对夫妇。他们的性格古怪但是生活丰富多彩。

纳博科夫在小说中刻画的科马洛夫一家，是普宁（即阿卡·纳博科夫自己）刚刚移居到美国时认识的朋友。蒂姆奥菲·普宁在一所小型美国学院教授俄语，他在该大学的美术学院遇见了另一个俄罗斯移民——奥列格·科马洛夫。纳博科夫在小说中是这样评价科马洛夫及其妻子塞拉菲玛（Serafima）的：“只有俄罗斯人才能理解科马洛夫身上反叛主义同热爱苏联的矛盾结合。在他看来，俄罗斯应当由神圣的君主统治，由红军维持，拥有集体农场，既有俄罗斯大教堂，又有现代化的水电大坝。”普京和那些从 20 世纪 90 年代的混乱动荡中幸存下来的人完全能够理解科马洛夫身上的“矛盾结合”。正如科马洛夫一家一样，普京心目中的“理想俄罗斯”也需要融合俄罗斯整个历史时期表现出的所有特点——囊括来自帝国时期和苏联时期的各种思想。1996 — 1997 年，乔吉·萨塔罗夫（Georgy Satarov）团体因为“理想俄罗斯”中固有的矛盾而陷入困境，但普京却选择了全盘接收。

21 世纪前 10 年中，除了让曾经背井离乡的知识分子们回国安葬并恢复他们的名誉，普京也在拼命拉拢那些依然活着的人——分布在欧洲和美国的白俄罗斯后代和幸存者，还有那些在俄罗斯帝国以及苏联时期其他移民潮中移居他国的人群。2004 — 2011 年之间，每年瓦尔代国际辩论俱乐部年会上都会专门表彰一些与俄罗斯有历史渊源的学者。这些学者中包括亚历山大·拉尔（Alexander Rah，德国顶尖俄罗斯专家之一、普京的传记作家，教会历史学家格列·拉尔（Gleb Rahr）的儿子，曾被俄罗斯驱逐），海琳·卡雷尔·昂科斯（Helene Carrere d’Encausse，法国知名俄罗斯历史学家以及法国科学院的秘书，他的父母在改革之后逃离了俄罗斯帝国），阿纳托尔·利文（Anatol Lieven，英国记者和学者，也是俄罗斯沙皇时期最著名的的政治家族之一的后代），还有赛其·施梅曼（Serge Schmemann，美国记者，她是俄罗斯贵族家庭的后代，家族曾世代在莫斯科附近的城市生活）。2011 年 12 月 15 日，普京参加了一档回答全国电视观众提问的访谈电视节目，当时瓦尔代国际辩论俱乐部的成员萨莎·拉尔（Sasha Rahr）和兹洛宾（Nikolai Zlobin，在回到俄罗斯成为著名外交政策评论员之前，他是长期旅居在美国的俄罗斯学者）他们都坐在观众席的前排。普京在节目中直接高度赞扬了他们将俄罗斯形象呈现给外界时发挥的重要作用。

特殊情况下，瓦尔代国际辩论俱乐部会邀请海外的斯拉夫尔人以及那些由于政治因素移居国外的人参加辩论会，其中最著名的是 2010 年 9 月的那次会议。当时，在普京结束了与以色列国防部长埃胡德·巴拉克（Ehud

Barak）的高层访问和会晤之后，这些与会人员与普京在索契（Sochi）进行了面对面的交流。除了强调联系俄罗斯移居者的重要性之外，普京迫切渴望能够召回移居以色列的“俄罗斯犹太人”，并且强调新俄罗斯的繁荣发展与以色列息息相关。由于俄罗斯帝国时期对这些人的大屠杀，苏联时期的歧视，这些移居以色列的“原俄罗斯人”可能根本不愿回归俄罗斯，但是普京并不认同这种想法。除了发表这些言论，21世纪的最初10年中，普京费尽心力与流亡在外以及莫斯科当地的犹太群体接触。他也呼吁俄罗斯的寡头政治执政者抛开自己的民族以及宗教出身，除了修建教堂和修道院之外，出资重建犹太教堂和清真寺。对普京来说，犹太教堂和清真寺也属于俄罗斯的多民族本土文化的一部分，为了国家的生存，这都是必须妥善保存和积极维护的。普京认为摧毁这些文化遗产是一个巨大的错误。他们可以团结不同民族共同创造出有价值的文化遗产，为历史做出更有价值的贡献，而不是选择摆脱这些人群。在摧毁教堂、犹太教堂和清真寺的时候，也会摧毁俄罗斯这个国家的部分根基。这种行为会削弱一个政权的合理、合法性，让人民内部出现纷争。而这些自相残杀的纷争会导致国家解体。

2012年4月，普京以总理身份向议会做最后报告时，专门解释了分裂的危险以及由此会引发的灾难。当时有位议员建议将俄罗斯宪法的序言开篇中“我们是多民族的俄罗斯”改为“我们是由俄罗斯族以及加入其中的其他民族所组成的”。对此，普京专门在会议报告中反驳道：

你知道这样做意味着什么吗？意味着俄罗斯社会划分出了一等公民和二等公民。如果希望建立一个统一而强大的国家，如果希望人民是一个整体，如果希望所有俄罗斯人都认为他们的故乡只有一个——就是俄罗斯，那么我们就坚决不能那样做。归属感源于公平，这一点非常重要。作为一个多民族国家，毋庸置疑，俄罗斯族人民是这个国家的脊梁、基础以及粘合剂。但是要将公民划为一等、二等、三等很危险。你、我，我们所有人都坚决不能那样做。

普京用这样的反驳强调了自己的观点——俄罗斯的种族问题既不是道德问题也不是意识形态问题。事实上，将国家按民族划分或是允许人民将国家按民族划分的做法削弱了国家的凝聚力。俄罗斯帝国时期和苏联都犯过这样的错误。为防止国家四分五裂，普京决心绝不再重蹈覆辙。这是普京的特点，因为他是生存主义者。生存主义者的理念略显夸张，他们认为小到个人错误，大到国家政策失误，如果你不能从中吸取教训，那么个人和国家都必须承担相应的后果。此外，要生存你还必须吸取别人的教训。从根本上来讲，这种心理是源于信任缺失并过于依赖自己的手段。那些能够发现错误并从中吸取教训避免类似事情发生的人就称之为“局外人”。在进入莫斯科任职前，普京是国家政治体制的“局外人”，他自青年时代起就在努力树立自己“局外人”的形象。局外人既不是现存体制的一部分，也不会为既得利益所累。他与任何的失败无关，也无需为其负责，因此，他可以正视真相。他会挑战传统智慧，也能在相似的情形中把事情完成得更好。当你处于局外人的角度，即使所做的决定与你有关，只要不身处其内，你就会变得更加有判断力，可以跳出框架思考。

普京时代

PUTINISM

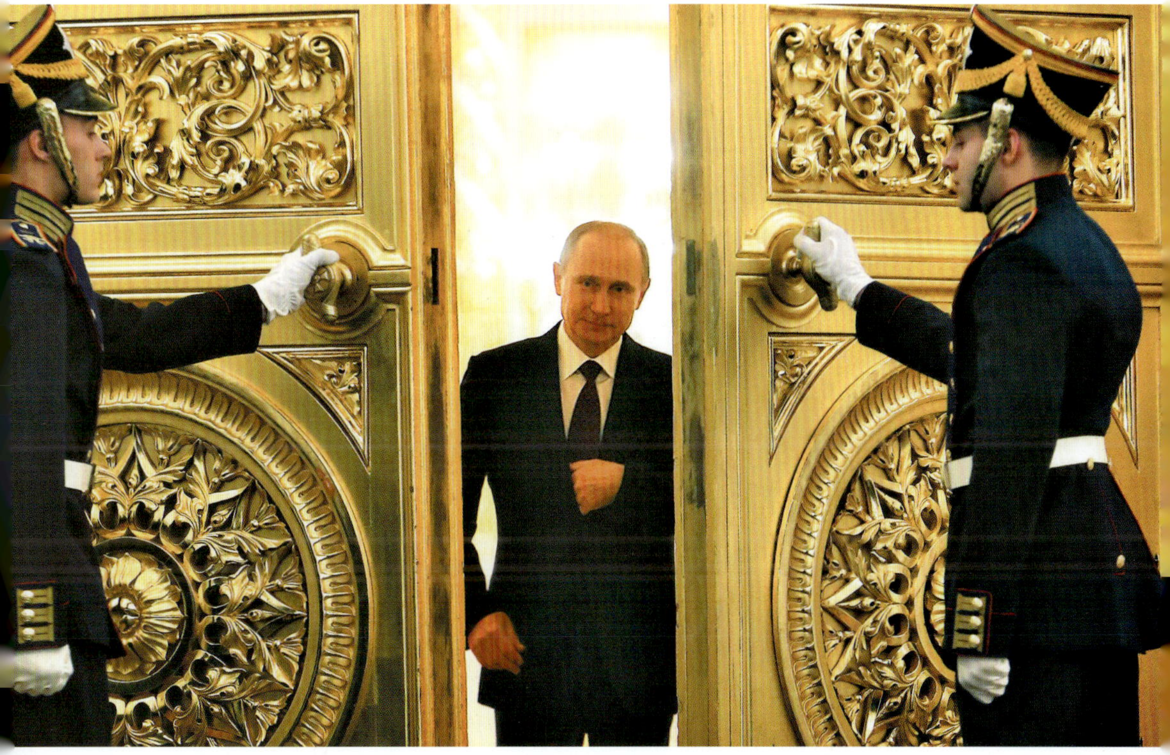

往昔 THE OLD TIMES

率性

PERSONALITY

硬　汉

THE STRONG MAN

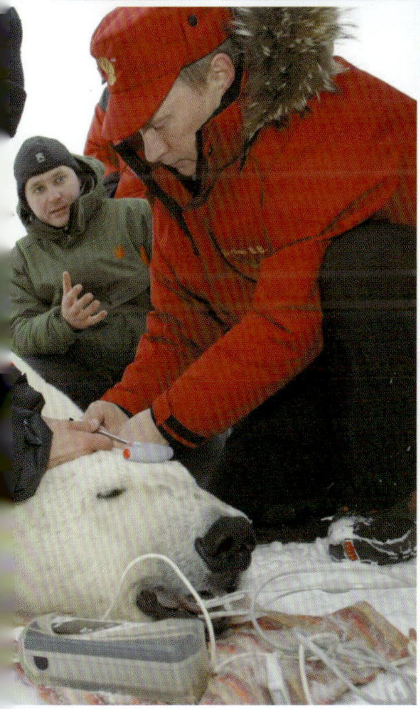

РОССИЯ

柔 情

TENDERNESS

Владимир

Путин

Владимирович

外交

FOREIGN AFFAIRS

第六章
CHAPTER6

新俄罗斯的缔造者

普京不是童子军式的理想主义政治家，也不是西方意义上的民主派，不是支持言论自由的模范，他只是展示了超强的领导艺术，使一个长期动荡的国家获得了稳定，并使它重返世界强国地位。

筑梦“黄金时代”

普京在关于俄罗斯意识的讨论中体现出了自己的第二套核心元素——他坚定不移地认为个人命运与国家及其历史是相互交织的。[1] 弗拉基米尔·普京自封为历史的学生，他表示自己从学生时代起最喜欢的科目就是历史，时至今日闲暇时间的爱好仍然是阅读历史书籍。他展现出自己崇尚历史的一面，并认为自己与历史有着千丝万缕的特殊联系。在整个从政生涯中，普京积极运用自身及其团队对俄罗斯历史的认识，来强化政策的重要性、处理国家事务。在普京的认知世界里，历史的力量能够帮助他实现自身和国家的目标，同时，能给自己和国家披上一层合法的外衣。[2]

担任总统初期，在普京本人的授意下，他对历史的依赖之情成为普京个人传记的突出特点。例如，在2002年出版的《弗拉基米尔·普京：历史人生》(Vladimir Putin:istoriya zbizni)一书中，奥列格·布罗茨基(Oleg Blotsky)就提到了一系列由维克多·鲍里先科（oleg Victor Blotsky）讲述的关于普京的成长记事。鲍里先科和普京从一年级开始到九年级都在同一个学校就读，大学时期也是同学。他告诉布罗茨基：

有一次，我的朋友着实给我留下了深刻的印象。大概是在七、八年级，当时我们在上历史课，老师问了一个问题，之前完全不被人注意的瓦洛佳(普京的昵称)突然站了起来，说出了自己的答案。他的回答逻辑严密，让人觉得其他的都是次要原因，他给出的才是历史事件的真正解释。我还记得老师当时也万分惊讶。那一刻，她才真正认识了这个年轻的学生，而我也真正了解了我的这个朋友。我看到了他截然不同的一面。[3]

十几年后，普京的新闻秘书德米特里·佩斯科夫透露“普京（仍然）一直在看书，并且大多数时间都用来阅读俄罗斯历史。他也会看一些有关俄罗斯历史人物的回忆录。”[4] 像其他俄罗斯和苏联的领导人一样，普京很重视“历史价值”在政策中的作用——可以操纵过去。在社会和政治上，历史是一种组织力量，它能帮助形成群体一致性，还能帮助达成联盟。[5] 对于普京来说，历史和它遗留的教训让他明白，为国家出力，是非常重要的。历史强调了俄罗斯国家的永恒属性，也强调了个体政客的短暂属性。然而，从俄罗斯历史篇章中走出的政客们，在普京重建国家的 21 世纪起到了非常重要的作用。

1997 年 1 月俄罗斯天主教代表与内务部成员在莫斯科召开了一次会议，与会者明确提出了俄罗斯帝国观念中的乌瓦洛夫学说——即“官方的民族性”。这一学说的基础就是将“正统观念、独裁统治和民族性”三者合一，它最初由尼古拉斯一世时的教育部长赛奇·乌瓦洛夫于 1833 年提出。有人推测这只是一个简单的行动方案，或者说是一种号召，目的是召集所有俄罗斯的教师们加入建设帝国的大业。[6] 本质上来讲它是为了统一社会，算是“拥护菲利普·博布科夫政策”这个口号的雏形。乌瓦洛夫在这个学说中首次清楚地定义了俄罗斯的三大支柱：俄罗斯东正教、东正教教义，以及沙皇统治下的独裁专制制度。在 1997 年 1 月的会议中，与会者们将乌瓦洛夫学说作为重建东正教和正式的俄罗斯国家意识形态，以及政府政策工具的正当理由。

乌瓦洛夫学说中最后一个要素是民族性，这个词对应的俄语是 narodnost’，源于俄语中的 nard（“主体人民”），指的是全体俄罗斯民众。

尽管 narod 一词有些类似于德语中的 das Volk[I]，但放在其他语言的语境中并没有什么特殊的对应词语。事实上，19 世纪 30 年代时，narod 在俄语中是对农民的称呼。乌瓦洛夫用 narodnost’一词是为了将所有俄罗斯人民的精神和实质传达给群居生活的农民。该词也许还将各种本土的斯拉夫传统联系在了一起，同时，它还代表了人民和沙皇、土地和国家之间的所谓的历史关联。Narodnost’是一种俄罗斯人特有的、含义深刻的观念。

乌瓦洛夫学说盛行时，是俄罗斯历史上的又一困难时期。当时，俄罗斯帝国内外都面临着社会动荡、局势混乱的难题。1825 年，圣彼得堡被十二月党人搅了个底朝天，他们起来反抗，要求建立君主立宪制。这些十二月党人中有一群沙皇主义官员，他们中的许多人曾于 10 年前将拿破仑的侵略军赶回了欧洲和法国。继这些官员叛乱后，1830 － 1831 年，俄罗斯帝国西部省份的波兰人民又发动起义。与此同时，欧洲其他地区的君主也遭受了打击，比如，法国巴黎 1830 年爆发革命；比利时发起的抗议荷兰的暴动；近东地区发起一连串反对土耳其统治的运动等。可见，独裁统治已经越来越不得人心。此时，沙皇政府要想集中援助，简直是压力如山。也就是在这个时候，乌瓦洛夫打着他的旗号站了出来。他强调专制体系的重要性，并呼吁该体系的核心拥护者们——正统的俄罗斯人和农村人民——汇聚在沙皇的周围。

19 世纪，乌瓦洛夫学说历经多次修订，到了 20 世纪初，它又成为罗曼诺夫王朝的最后一位沙皇尼古拉斯二世获得支持的武器。因此，到了 20 世纪 90 年代，俄罗斯的民族主义者们为了同样的目的再现乌瓦洛夫学说，这也不足为奇。20 世纪 90 年代和一战前 10 年的历史惊人般地相似——不仅政治、经济发展相似，就连引发俄罗斯首都（20 世纪早期是圣彼得堡，20 世纪 90 年代是莫斯科）争论的政治问题也相差无几。对于许多俄罗斯上层人物来说，20 世纪 90 年代关于俄罗斯的现在和未来问题的争论，无非

I 译者注：意为“人民”。

是延续了当年发生在圣彼得堡的争论，只因后者被战争和1914－1917年的革命打断。正如俄罗斯文学史专家康斯坦丁·阿扎多夫斯基（Konstantin Azadovsky）在1995年问世的一本关于俄罗斯文化和政治思想的选集中所指：

> 就像本世纪初一样，处于（20）世纪末的当下，俄罗斯那“永恒的”问题再一次被提上了日程：国家真正要走的道路、它的身份、人民（narod）、知识分子，还有亲斯拉夫派和亲西方派。爆发于那些要命的改革年代的争论，连同“一连串得意洋洋的苏联势力”一起卷土重来。这又该怪谁呢？俄罗斯为什么要陷入这样的深渊？它还能“振兴”吗？[7]

对于俄罗斯来讲，20世纪早期和20世纪90年代不仅是这个世纪的分界线。同时，它们也是俄罗斯历史上的过渡期。在这两个10年内，俄罗斯经历了战败、帝国覆灭和经济衰落，也经历了疯狂的改革。那是两个对过去念念不忘的时期。在20世纪早期和20世纪90年代，国家和政府当局重新回顾历史，希望能够在历史长河中找到“黄金时代”或者“白银时代”，让现在找到依托。正如康斯坦丁·阿扎多夫斯基所说：“我们无限怀念改革前的俄罗斯。我们希望沉醉在20世纪最初的10年岁月里……并且希望艰难时期能够赶快过去，我们重新过上那样的生活。这是一个迫切需要解决的问题，过去我们确曾不屈不挠地寻求过解决办法。而今，我们正在打造基础——贵族阶级、哥萨克人、正统思想和独裁统治——以重建那样的生活。”[8]

“俄罗斯永远拥有未来”

普京过分重视历史上的前车之鉴和乌瓦洛夫学说中的“正统观念、独裁统治和民族性”原则，陷入了形而上学的方式之中。鉴于他在千年致辞中表示不赞同任何形式的官方意识形态，在做这些事的时候，他也只能采取尽管迂回却仍然显而易见的方式。到了 21 世纪，普京不仅私下，甚至公开重归俄罗斯正统观念和东正教的怀抱。他不断强调重拾正统信仰的重要性，还直截了当地和诸如乔治·布什等国际领导人谈论他的信仰。此外，他参加各种礼拜仪式（通常都是和亚库宁一起）的行为也被公开报道，他也允许别人报道他和东正教神职人员的私交。[9]

除了独裁统治以外，普京通过乌瓦洛夫学说形成了“主权民主”，这个说法最初由副总参谋长弗拉迪斯拉夫·苏尔科夫提出来。“主权民主”一说抓住了俄罗斯地位显赫、独立自主和历史文化独特等特点。除了俄罗斯民众的意见外，国家不对任何人负责（更别说外部的势力了）。[10] 正如独裁统治是沙皇时代的特征一样，苏尔科夫提出的主权民主就是强国的典型特征。同时，主权民主一说还采用了“千年致辞”中的推论——假定民主的世界性准则并不适合俄罗斯，而且还会破坏俄罗斯的政治发展。那么，俄罗斯必须回归到其特有的政治体系，这种政治体系是根植于国家主权和历史之中的。[11]

普京在演讲和致辞中[12]常常提到“民族性”和“全体人民”，还喜欢强调自己在与民众沟通时所付出的努力。2010 年 9 月普京出席了一次瓦尔代国际辩论俱乐部会议，当时他刚参加完一条跨国铁路最后一段的开工仪式，是从西伯利亚和俄罗斯远东一带赶回来的。[13] 在俱乐部会议的晚餐上，他对俄罗斯人民的美德赞不绝口，就像一路上赞扬他的俄罗斯民众那样。2011 年 5 月，普京在资助建立全体俄罗斯人民战线时，深化了这个观念。“人民战线”被用来充当实质性的保护伞，并且将一定范围的俄罗斯社会组织动员起来，以在 2011 年议会选举之前为统一俄罗斯党提供新的点子。[14]

普京小心地避开了乌瓦洛夫原则中的保守成分，使自己和诸如日里诺夫斯基和罗戈津一样的民族主义者们区别开来，也使自己的行为和“千年致辞”中的劝诫之言保持一致。他是在为当代俄罗斯的多样化人口创造未来，而不是为了 19 世纪 30 年代或是 20 世纪初的古旧俄罗斯。从这个角度讲，普京似乎又重拾了来自克格勃的菲利普·博布科夫的观点，他于 1995 年在书中警告人们不要为了俄罗斯少数民族和以俄语为母语的人斗争，极力主张采用更为兼容并蓄的方法。[15] 普京在“千年致辞”中题为“俄罗斯的教训”这一章节中指出：

俄罗斯的政治、社会经济、地震、各种灾难和激进的改革，都已经达到了极限。只有那些对俄罗斯的命运和人民漠不关心的狂热分子和政治势力才会煽动又一次革命。国家和人民不赞同再回到分裂的社会局面，不管打着谁的旗号——共产主义者也好、民族主义爱国者也好，或者是激进的自由党人……相关社会政治势力必须为人民提供复兴俄罗斯的战略，这个战略要基于 20 世纪 90 年代的经济和民主改革中的一切积极要素，而且要采用循序渐进、计划周详的方法。同时，我们要在政治稳定、人民生活水平得到保障的情况下实现这个战略。[16]

普京对于人民的看法不仅局限于“千年致辞”中所指的俄罗斯联邦的俄罗斯人，或是任何特殊的政治和社会团体。普京后来强调“全体俄罗斯人民战线”，也清楚地说明了这一点。普京心中“人民”的概念指代广泛，而这点是乌瓦洛夫学所没有的。2011 年 11 月 27 日俄罗斯议会选举之前，普京在统一俄罗斯党大会上的发言中指出：

我们会尽一切努力维护国民间的和平。国家的未来岌岌可危，我们更要珍惜和维护国民的福祉。要让那些打着“社会和种族不相容”旗号、那些带有挑衅想法，会导致国家破产的人知道：虽然我们身处一个多民族社会，可我们同是俄罗斯国民，那是团结而不可分裂的俄罗斯。

2010 年的瓦尔代国际辩论俱乐部会议，普京除了强调愿与团结而不可分裂的俄罗斯人民沟通外，还提出了“俄罗斯历史和未来发展”这一主题。在索契与普京会面之前，一行人围着位于拉多加湖的古拉格群岛和圣彼得堡附近的卡累利阿地区游走，边走边讨论着这个主题。包括理查德·波普（Richard Pipes）和多米尼克·利芬（Dominic Lieven）在内的一些当代俄罗斯国际历史学家，被邀与俄罗斯要员们同行。该次辩论的目的是找出俄罗斯强有力的中央权力的历史趋势、了解 1917 年革命前后人们对于国家的看法、总结俄罗斯长期改革与现代化的经验教训。

与会者和普京直言不讳地交换了意见，其中包括 2010 年瓦尔代国际辩论俱乐部会议的背景，诸如沙皇专制和苏联刑罚制度，以及流放异议者的传统等问题。人群中的一名英国记者问普京，他是否曾计划将弗拉基米尔·列宁从红场的陵墓中迁移出来，向广大人民昭示，苏联时代的政治清洗运动已经彻底结束。普京反驳道，伦敦的英国议会外，至今还矗立着十七世纪英格兰革命领袖奥利弗·克伦威尔的雕像。普京声称，历史问题一定要加以讨论，但是，讨论只限于历史问题所处的年代。他问，克伦威尔和列宁谁杀的人多？他们都曾犯下过错，可是他们也同样建立了伟大的国家。

普京首要传达的观点是，克伦威尔既是英国的污点，也是英国的财富。同样，列宁和斯大林也都是俄罗斯历史的一部分。我们应当尊重历史，没有什么值得羞愧。列宁就应该躺在他的坟墓里。而沙皇和苏联的领导人也可以回到他们的基座上，就像克伦威尔的雕像矗立在伦敦议会的门外一样。 著名导演尼基塔·米哈尔科夫在他的同期作品《开明的保守主义宣言》(Manifesto of Enlightened Conservatism) 中也表达了同样的意思：“俄罗斯历史上的每一个时期，都是黑白篇章共存。我们不能、也不想将它们分开，更不会厚此薄彼。这就是我们的历史！它的胜利——就是我们的胜利，而它的失败也就是我们的失败。”

在其他瓦尔代国际辩论俱乐部会议上，或是在公开的演讲中，普京都会提到有关他个人的历史和他的家族渊源。他的家族历史要回溯至十七世纪早期，始于莫斯科东南部的梁赞省。由于俄罗斯革命和苏联剧变毁灭了一些记录，俄罗斯人民很难得详细了解自己的家族历史，普京的描述也自然无从核实。然而，不管怎样，普京深信，正是那历史悠久、香火绵延的家族历史渊源使得他与俄罗斯和俄罗斯人民之间产生了特殊的关联。

在担任总统和总理期间，弗拉基米尔·普京每每谈到俄罗斯历史时总会清楚地表明，他致力于防止社会剧变和革命，维护俄罗斯的国家团结。2011 年，普京说过一句名言：“我们不需要一场伟大的剧变。我们只需要一个伟大的俄罗斯。”[17] 其实早在 1907 年，彼得·斯托雷平就对他的杜马代表同伴们说过：“先生们，你们需要一场伟大的剧变，而我们需要一个伟大的俄罗斯。”普京正是重新解释了这句话。

一意孤行，还是顺势而为?

2008年，克里姆林宫和俄罗斯政府进行了一项全民竞赛，看哪一位俄罗斯公民能够选出“俄罗斯历史上最重要的人物”。比赛以淘汰赛的形式展开，由第一轮得票数最高的人在接下来的一轮进行PK。最终，最后获胜的是十三世纪的大皇子弗拉基米尔，他是俄罗斯早期最为出色的统治者之一，曾被俄罗斯东正教奉为圣人。而第二名则是斯托雷平。正如一名俄罗斯要员在此次竞赛中所说，一切都是内定了的。独立的民意测验表明，实际上，会将这两人置于前25名的俄罗斯人没有几个。这不过是那些统治者为达目的而进行的炒作罢了。[18] 置身于1904－1914年这一混乱历史时期的斯托雷平，在沙皇时代已经名誉扫地。他被描述成失败的改革家，一名残酷的镇压者。然而，普京当总理，甚至后来当总统时，之所以拥戴斯托雷平为他的楷模，是因为他曾经希望以非革命的手段来实现俄罗斯的巨大变革。事实上，斯托雷平还是一名终极政客。他在为国家效力的途中，牺牲了自己，或者说被他人牺牲了。

彼得·斯托雷平是一位政治多面手，他的履历以及政治生涯中的政绩使他能够从容应对任何场合。1905年，日俄战争结束后，俄罗斯经济衰落、社会动荡，此后斯托雷平就出现在了俄罗斯的政治舞台上。接着1905年到1906年间的冬天，俄罗斯各地的众多农民在乡村地区发起暴动和纵火事件。这时需要迅速采取行动制止俄罗斯帝国的暴动，限制沙皇政权。于是，到了1906年，当局通过了一系列法律，开创了一种权力有限的君主立宪制，由彼得·斯托雷平担任国家总理，并且形成了一个新的立法机构——国家杜马。斯托雷平认为俄罗斯的改革剧变不仅受日俄战争的影响，而且有着更为深远的原因。他认为必须双管齐下，在镇压暴力的同时，通过全面的改革解决根源问题。[19] 在1906－1910年期间，只要乡村形势得到掌控，斯托雷平就会推行一系列土地改革措施，意在形成富有、独立的农耕阶级，并使之成为新农村经济的支柱。[20]

斯托雷平担任总理期间，按照19世纪60年代鲍里斯·奇切林给亚历山大二世的建议，让自由改革和强国兴邦齐头并进。[21] 他将新杜马视为统治国家的创新手段，因而“他不会承认杜马是忠实的反对派，他希望它与政府合作。”[22] 这几乎与普京在21世纪形容当代俄罗斯国家杜马时的说法一样。2008年普京被提名为总理之前，普京曾在无数场合称杜马能够辅助总统管理俄罗斯。他认为杜马在与执法机构“分工”的背景下，发挥了它的立法功能。[23]

斯托雷平1911年遭到暗杀，他的改革也戛然而止。然而，在这个接洽点上，就像20世纪90年代的休克疗法一样，关于斯托雷平的改革是否成功这一点，仍然备受争议。此外，俄罗斯的农业产量并未得到明显提高。国家的总体产量依然处于欧洲最低水平。[24] 纵观经济全局——除了1912年预示着工业化大跨步的表面繁荣外——在城市不断扩展的同时，生活条件恶劣的底层阶级人数也在逐渐增长。1913年，俄罗斯的人均收入是当时大国中最低的，它也因此成为欧洲最穷的国家之一。[25] 在不断遭受经济和社会危机的背景下，沙皇尼古拉斯二世与杜马之间的关系就如同叶利钦与议会一样剑拔弩张。

可是普京在演讲中再提到斯托雷平时，并不去深究这些麻烦。相反，他强调，尽管斯托雷平必须对当时的困难时期负责，可是他有一套重建和改革俄罗斯的长远计划。同时，他还是第一位出身议会、并得到俄罗斯民众支持的俄罗斯总理——尽管他听从沙皇的号令。2012年4月，在普京总理任期将满，准备竞选总统之际，他清楚地提到了与第一届俄罗斯杜马之间的关系。普京作为总理最后一次参加俄罗斯议会的会议时说道：“亲爱的同僚们！明年的十一月我们就迎来了俄罗斯宪法和当代议会的二十周年纪念日。可是不要忘了，如果我们从 1906 年的第一届俄罗斯杜马算起，那么现在的杜马在国家历史上就已经是第十届了。”[26]

与过去相比，现在是短暂的，繁荣程度也稍显逊色，但是对于普京这个历史的学生来说，正是辉煌的过去和悠久的历史成就了现在。20 世纪最初的 10 年间，尽管彼得·斯托雷平身居总理之位，但他始终没有机会施展抱负。而当担任总理的第 2 个 10 年来临的时候，他却在 1911 年不幸遇害。1917 年的大革命更是让他之前的心血付诸东流。以此为鉴，到了 21 世纪，无论是担任总统还是总理期间，普京都一再声明自己必定会实现自己的政治理想。在首次总统任期初期，普京就提出来带领俄罗斯走上复兴之路的计划，直到现在，普京及其团队仍然在实践自己的承诺。

2010 — 2012 年，普京公开声明，他认为自己的工作还没有完成，而弗拉基米尔·普京是唯一确保真正实现改革的人。在担任总理期间，普京成立了一个工作组，专门制定“俄罗斯 2020”计划，这是一项意在促进整体经济增长、提高人民生活水平、引进先进科技和重塑俄罗斯工业化经济的战略计划。“俄罗斯 2020”计划为俄罗斯政府设定了一系列目标。并且决心在 2018 年普京第三任总统任期结束之时，要全部实现。在一些提及他的战略和将来整体计划的会议中，普京一再表示会“圆满完成计划”。1909 年，在一则外国记者的采访中，彼得·斯托雷平说道：“如果解决了内忧外患，俄罗斯将在 20 年彻底改头换面。”[27] 而普京在 2011 — 2012 年的发言以及采访中说：“给我 20 年，还你一个奇迹般的俄罗斯！”

最终，普京借鉴历史、综合自己的思想，制定了周密的政策。出于对俄罗斯历史的个人兴趣，普京重新评估了 20 世纪 90 年代关于“重建国家、展望未来”的辩论。他仔细找出了过去俄罗斯曾出现过的与自己理念相类似的政策。在 1999 年发表“千年致辞”后，21 世纪最初的 10 年当中，弗拉基米尔·普京通过引导、操纵，并利用那些相似之处来锻造他的“普京主义”统治体系，并使其合法化。

2012 年 5 月，弗拉基米尔·普京怀揣着一个可追溯至帝国时期的综合改革计划，第三次登上了总统之位。在总统竞选期间，普京常说自己是将俄罗斯从 20 世纪 90 年代的困难时期解救出来的那个人。2012 年 4 月，普京作为俄罗斯总理，在议会的最后一次发言中祝贺自己“在经历一切剧变之后，将国家重建起来，这是我们的人民在跨越世纪门槛时的好运……事实上，我们，”他继续说道——可这里的“我们”明显指的是我，弗拉基米尔·普京——“为后苏联时期画上了一个圆满的句号。站在我们眼前的是俄罗斯的新舞台——我们在这里创建国家、经济、和社会秩序，以及能为国民提供未来 10 年繁荣生活的可靠的社会结构。”[28] 普京，这个中央集权论者、历史的学生、救世主、建设家、改革家，与从圣彼得堡来到莫斯科时那个位居幕后的自己形成了鲜明的对比。

第七章
CHAPTER7

权力中心的纵横捭阖

普京按照自己的计划行动，这正是普京的特质，他内心具有独立性和自主性。正因为这一性格特点，我才选他为接班人。现在看来，我的选择是正确的，他没有辜负我的信任，没有辜负人民的希望。

——鲍里斯·叶利钦

蛰伏的智慧

1996年，弗拉基米尔·普京常常与一群圣彼得堡的至交好友相聚在芬兰湾和拉多加湖之间的卡累利阿地峡。那里有一个宁静的湖畔，从圣彼得堡北部城市驱车前往不到90分钟，从那里到芬兰边境也不过80分钟车程。历史上卡累利阿地峡曾分别隶属于瑞典帝国、沙皇俄罗斯帝国、独立芬兰、苏联以及现在的俄罗斯。对于崇尚历史的普京来说这里可是个好地方——既可以反思命运的迂回曲折，也可以纵观几个世纪以来俄罗斯边境的扩展。在这里，局外人普京还能够暂时远离莫斯科这个政治中心。普京从德累斯顿返回列宁格勒后不久，就在这片世外桃源上修建了自己的宅邸，周末常常过来暂居。不幸的是1996年，这所房子被烧毁。[1] 随后他又按照之前的样子重新建造，并且有7位朋友也来到这里与他比邻而居。1996年的秋天，这群人正式为这个住宅区注册，命名为“奥泽罗”（Ozero，意为“湖泊”），并将其转变成有警卫的社区。据称，这几个人之间关系亲密，经常从圣彼得堡拼车回到住宅区。[2]

1996年，对于这个彼此之间关系亲厚的小团体来说，普京仍然像个局外人。在“奥泽罗”的8人团体中，有7位是商人，1位是公务员；有7位拥有物理学或工程师学位，1位拥有法学学位。这个与众不同的人就是弗拉基米尔·普京。他与朋友之间唯一的共同点就是同为圣彼得堡市民的相同心理——我们是俄罗斯首都的旁观者。他们以旁观者的身份看到了20

世纪90年代俄罗斯政治家们犯下的错误，但是却无力改变。不难想象，那个夏天当这些人聚坐在门廊下或者在一起蒸桑拿时，很可能会在某个时刻一边喝着伏特加一边说："如果俄罗斯由我们这样的人管理，那这个国家肯定会比现在好得多！难道他们看不出来，自己正领导这个国家走向毁灭吗？"

严格意义上来讲，对逐渐成为政治中心的莫斯科来说，所有的圣彼得堡市民都是局外人。像普京一样，这个特殊群体中的许多人很长一段时间内都在俄罗斯和苏联范围外活动，因此他们能够从各种事件本身中抽身，对国家事务有一个更为客观的分析。这一点与其他联邦地区的人不同，圣彼得堡的公民从不视自己为二等公民。苏维埃时期圣彼得堡衰落，以及布尔什维克时期圣彼得堡的改名事件（更名为列宁格勒）都使圣彼得堡市民对莫斯科产生了一种憎恶和怨恨的感情。圣彼得堡本该在俄罗斯占据重要地位。在彼得大帝统治的俄罗斯帝国时期，圣彼得堡是重要的政治和文化中心，但是曾经的首都市民却成了二等公民。

由于家庭出身寒微，普京在圣彼得堡"奥泽罗"圈子和苏维埃权贵阶层（即国家行政人员群体）中都属于"局外人中的局外人"。普京家族从来都不属于精英阶层，普京也跟传统的苏联共产党党员有所不同。从很多方面来讲，甚至在苏联国家安全委员会中，普京都属于局外人。例如同为克格勃出身，普京的经历与谢尔盖·伊万诺夫相比就没有那么突出。伊万诺夫先被任命为国防部长，后在普京执政期间担任副总理，再后来又被提名为联邦政府总理。伊万诺夫是学者出身，但在克格勃中却担任要职，不仅如此，他还早早就进入赫尔辛基和伦敦的权力圈，并且职位一路高升。相比之下，直到1998年突然接到联邦安全局的任命，普京才真正进入国家权利的中心。在此之前，由于反对当时的苏联领导人米哈伊尔·戈尔巴乔夫进行经济改革，普京被指派到位于东德的德累斯顿任职。戈尔巴乔夫于1985年5月当选为苏联共产党主席。当年8月普京就接到调令前往德累斯顿述职。直到1989年柏林墙倒塌，普京才于1990年年初重返苏维埃共和国统治下的列宁格勒。1996 年夏天，结束了圣彼得堡市副市长的任期之后，普京以局外人的身份进入了首都莫斯科的权力圈。正是这个局外人，迅速搜集情报，帮助克里姆林宫监视并控制了难以驾驭的寡头政治集团。

无论是普京的自我认知，还是他在圣彼得堡结交的局外人朋友圈，都决定了他的特殊性。在俄罗斯鲜少有人能够拥有类似的个人经历。由于俄罗斯曾经动荡不堪的历史，大多数俄罗斯人都被迫成为了幸存者，甚至生存主义者。这些人祖祖辈辈都生活在俄罗斯的土地上，成为俄罗斯历史上不可分割的一部分。即使这样，他们却并没有普京那样的认知，认为自己是历史舞台上的主导者。许多俄罗斯政要深刻认同自己中央集权论者的身份，至少他们在名义上渴望复兴强大的俄罗斯，渴望国家机器正常运转。但是无论是普通的俄罗斯民众还是俄罗斯的政要们，从来没有人能以局外人的身份进入国家政权中心并成为最高统治者。事实上，比起那些与机构毫无关系的人，局外人与圈内人的关系往往更加紧张。

1999 年，普京被任命为俄罗斯国家总理后不久，俄罗斯分析家利利娅·舍夫佐娃在一则采访中这样描述普京描述：“一位曾在圣彼得堡就任市长的局外人……他没有时间在安全机构内部结交朋友、发展同盟，但是这一点对稳固政权来说是必不可少的。”鉴于普京之前短暂的俄罗斯联邦安全局领导人以及克格勃继任领导人的经历，以舍夫佐娃为代表的许多人在 1999 年反对将普京视为“无所不能的超人”。正如斯托雷平的观察者们早在一个世纪前总结的那样，他们也认为：“他（普京）能力有限。”[3]

普京认同自己的朋友圈里都是些局外人，他们观望着圈内人的一举一动，还不时加以批判（也许还为这些人的傲慢和无能感到愤怒）。与他关系密切的朋友也都倾向于做局外人。普京与“西罗维基”时常有往来，但是两者之间关系却始终不明朗。“西罗维基”的成员大都是来自克格勃、俄罗斯国家安全局以及诸如国防部、内务部这样的国家安全及权力机构的核心人物，还有一些来自特种部队或者准军事部队。这些人并不是普京的战友。除了因为政治原因短期担任过俄罗斯国家安全局的领导以外，普京从未在以上机构中担任过一官半职。在克格勃期间，他也没有担任高层领导人的经历，总是在外围的列宁格勒和德累斯顿为国家和俄罗斯民众服务。

20 世纪 70 年代，普京还属于新兵中的一员。他们这批新兵以局外人的身份进入了尤里·安德罗波夫领导下的克格勃。事实上，安德罗波夫也是以局外人的身份进入克格勃的。他原本属于苏联共产党党部，并未在安全部门任职，此前长期在卡累利阿地区担任苏联共产主义青年团的第一书记。1956 年，安德罗波夫担任苏联驻匈牙利大使驻守布达佩斯（匈牙利首都）期间，当地爆发了“匈牙利十月事件”（这与弗拉基米尔·普京在驻守德累斯顿期间遭遇俄罗斯分裂的经历极为相似）。回到莫斯科之后，安德罗波夫负责处理苏联与其他社会主义国家共产党代表之间的关系，并担任苏联共产党秘书处中央委员会国际部的负责人。1967 年，安德罗波夫担任克格勃领导人之后不久，社会主义阵营再一次发生震荡——1968 年捷克斯洛伐克共和国爆发了著名的“布拉格之春”事件。1967 － 1982 年担任克格勃领导人期间，安德罗波夫多次经历了政治动荡（在他任期将满的 1979 － 1981 年间，还先后经历了阿富汗战争以及波兰危机），这些经历深刻影响了他的管理方式。20 世纪 60 年代末，安德罗波夫身先士卒，带领克格勃坚决粉碎政治异见，并设立了臭名昭彰的精神病医院体系，专门将异己人士遣送至此“治疗”。[4]

尽管如此，安德罗波夫也意识到故步自封而又日渐衰弱的苏维埃系统亟待改革。为了向克格勃注入新鲜血液，为了创造一种相对轻松的环境，让大家为解决苏联所面临的种种问题建言献策，安德罗波夫决定从社会的各个组织中网罗年轻官员，这些组织就包括苏联共产主义青年团。这一举措的目的在于集思广益，利用一批具有批判性思想的新人来改变当时的局面。1982 年，安德罗波夫离开克格勃，成为了苏维埃社会主义共和国联盟领导人。这些被称之为“安德罗波夫派”的克格勃新成员与原本的核心人士之间原本就存在矛盾，1984 年 2 月安德罗波夫溘然长逝之后，双方产生了激烈的冲突。正是 1975 年加入克格勃成为“安德罗波夫派”的这段经历，坚定了普京对自己“局外人”身份的认可。

在莫斯科结束了红旗学院的培训之后，普京被派遣至德累斯顿。这一任命使他远离了核心权力机构，远离了故土，甚至远离了苏维埃社会主义共和国联盟的土地。1985 — 1989 年俄罗斯经济改革期间，他只能在遥远的异国他乡观望这一重大变革。而那些身在祖国的人，尤其是莫斯科地区的人，不得不经历这一场政治、社会以及文化大变革。这些人中有许多都在未来加入了普京的核心团队，例如前任总统德米特里·梅德韦杰夫。现如今，普京将 20 世纪 90 年代的经历看作是自己总统生涯的沉淀期，并且经常长篇大论地谈论这 10 年间俄罗斯的发展，并引导这期间的各方争论和思潮。但是对于 20 世纪 80 年代普京却一再三缄其口。也许比起那期间留在列宁格勒或者莫斯科的同盟来说，普京对这期间发生事件的看法会更加消极。

誓言大国崛起

1985 — 1989 年期间，普京以外国人的身份在德累斯顿任职。无论是对东德地区的政府机构还是这里发生的政治事件来说，他都是一个局外人。这对普京来说是个略显尴尬的位置，但这段经历不仅让他认同了自己的身份，还使他坚定了以局外人的立场在别国的错误中吸取教训的信念。普京在德累斯顿任职期间，东德在名义上仍然是苏联的同盟，而事实上，当时的领导人埃里希·昂纳克却将苏联和西方国家一并视为敌人。

埃里希·昂纳克统治下的东德政权在意识形态上走强硬路线，缺乏灵活性，更毫无实用性可言。这一政权与基层政治严重脱节，同时也没有跟上正在苏联进行的政治改革的脚步。1985 — 1989 年，东德经济开始失调。在德累斯顿任职多年的经历让普京深刻明白什么才是竞争经济系统中的最终决定因素——关于这一点，普京在 2012 年 4 月以总理的身份对议会做最后演讲时曾经提到过。当时的昂纳克十分固执，坚决认为东德要推行自己的经济和政治政策。[5] 他从不公开在外交政策中提到戈尔巴乔夫的经济改革、开放性政策和“新思想”。苏联领导人之间的同盟关系是相互的，米哈伊尔·戈尔巴乔夫并没有放弃与东德领导人交好，为了提醒盟友政治改革的必要性，这位苏联领导人多次在各种公开场合邀请昂纳克于 1988 年 9 月到莫斯科举办东德展览会，甚至在一次宴会的祝酒词上也不忘做出邀约。[6]

当时还是克格勃特工的普京在德累斯顿任职。尽管这座城市是东德的第三大城市，常住人口有 50 万之多，但在大多数人眼中它都是个闭塞、落后的地区，因此普京的工作在这些人眼中也就显得微不足道，甚至算得上失败。关于普京在德累斯顿期间的具体工作，没有官方文件可供参考，普京本人也从未透露过详细细节，甚至都连这期间普京究竟在为哪个政府部门效力都无从得知。有一种说法称普京是“光线行动”的成员，负责在东德窃取技术机密。另一种说法认为他确实参与了“光线行动”，但是任务内容却与窃取机密无关，而是秘密在东德共产党和秘密警察中招募情报人员。这样做的目的是为改革人士、俄罗斯经济改革政策争取支持，并让他们与苏联统一战线，共同反对昂纳克及其强硬的东德领导同盟。[7] 还有一种说法则认为克格勃在德累斯顿的任务很简单，就是接触、争取、发展并招募在德累斯顿地区学习或者做生意的西方人。此外还有一些别的传言，例如克格勃在德累斯顿的主要目的是招募在西方国家有亲戚的东德人，或者普京偶尔会亲自秘密潜入西德。[8]

关于以上几个版本究竟哪个才是普京的真正任务，答案很可能是：以上全部均是。普京极有可能参与了部分或全部任务，即使对此加以否认，恐怕也很难令人信服。克格勃在能力所及的范围之内到处窃取技术机密。如果德累斯顿有什么机密苏联想要了解，那么这个任务势必会由普京和他的同事来完成。至于接触、争取、发展并招募西方人士或者与西方关系密切的人，这是所有克格勃成员的终身任务。抛开普京在德累斯顿的真正任务，有一件事十分明确：对东德来说，德累斯顿并不是一个政治上闭塞、落后的城市。尽管 20 世纪 80 年的后 5 年，普京远离了苏联的政治改革，但是他却处于德累斯顿政治事件以及世界性事件的中心。东德在瓦解，而德累斯顿正是德国共产主义政党反对昂纳克政权倒行逆施的中心城市之一。这是一次政党内部的反对事件，德累斯顿共产党领导人汉斯·莫德罗（Hans Modrow）也积极投身到这次反对运动中去。

由于苏联国内的动荡，当时同处普京那个位置的克格勃特工根本无暇顾及东德形势。但是在 1985 — 1989 年之间，但凡普京有一丁点儿愿望希望了解东德的政治局势，德累斯顿就是最佳的观察地。身处德累斯顿，普京可以近距离地观察东德反对派，从而掌握第一手资料。这就像20世纪50年代中期，安德罗波夫在匈牙利首都布达佩斯观察反对党一样。当然因为在苏联大使馆有诸多方便，他的观察角度会更加有利。普京在克格勃的职位不属于高层，因此他还有一部分工作是监视并了解这些反对派，找出他们的优势和弱点。[9]

如果普京习惯于从历史以及个人经历中汲取经验，那么继在“沙坑街大学”汲取生活教训之后，德累斯顿将成为他汲取政治经验的第一“宝库”。而20世纪90年代担任市长期间，圣彼得堡是他的第二“宝库”。事实上，在自传《第一人》中提到德累斯顿的生活经验对自己的思想产生影响时，普京这样说道：

如果九个月的时间里你都在两地来回奔波，那么即使回到家中也无法适应正常生活。因此当你结束了国外的工作回到家乡，由于不清楚故乡的实际状况，刚开始将很难适应现实，融入周围环境。于是我们这些年轻人就会选择与经验丰富的同事们交流，从而获取经验。我所谓的“经验丰富”并不是指经历了斯大林时期的老一辈人，而是那些具有丰富的工作经验的同事。这些人是全新的一代人，他们在观念、评价以及态度上与老一辈人完全不同。经过交流，你就可以尽情思考。那个时候，我们不仅乐于从不同的角度思考问题，甚至敢于言他人之不敢言。[10]

如果一个政权希望在不失去控制权的前提下改革体制，那么它就必须面对必然会出现的紧张局面。普京就有幸在东德亲眼见证了这种典型的紧张局势。事实上这也正是当时苏联内部的现实写照。但是同一时期，比起苏联，普京在德累斯顿才更加接近变革本身。在《第一人》这本书中普京承认，德累斯顿与列宁格勒都是“大城市”，他还认为：“在这些大城市中我总是诸事顺利。”[11]

从某些方面来讲，在德累斯顿的普京就像是小池塘中的一条大鱼——至少比起在东德首都柏林或者克格勃总部要大得多。参考普京的个人经历以及资深评论家们对他的看法，普京的确比莫斯科的其他政治家们对集权主义系统的覆灭更有见地，也更有发言权。他的看法必然会与众不同。在《第一人》中普京对这一点做了深入思考：

从很多方面来讲，东德都使我大开眼界。当时我的想法是自己即将前往的是一个欧洲东部国家，也就意味着进入了欧洲的中心。（然而真正抵达后）经过跟东德秘密警察的成员交谈我才发现，虽然这个时候已经是20世纪80年代末期，但是这些成员以及东德这个国家的现状都与苏联许多年前所经历的一样。”这是一个极端的极权主义国家，跟我们30年前的状态极为相似。当时我忍不住想，如果苏联开始变革，那么将会对社会主义阵营国家民众的命运产生什么样的影响呢？[12]

与此同时，身在异国的普京发现，尽管苏联在米哈伊尔·戈尔巴乔夫的领导下正在改变，但是结果却收效甚微。原则上来讲，普京是为经济改革服务的。安德罗波夫成为国家领导人之前，曾经长期担任克格勃的领导人。正是他推动戈尔巴乔夫在苏维埃共产党中央委员会政治局中一路高升。戈尔巴乔夫就任之后，确实推行了安德罗波夫所倡导的经济改革，但是事情的发展却远远超出安德罗波夫以及其他人的预期和计划。戈尔巴乔夫及无力控制苏联国内变革的力量，也对东德以及其他苏联联盟国家发生的状况无能为力。如果脱离了主义的框架，事情就十分明朗——苏维埃体系根本没有发挥作用。在德累斯顿以及东德爆发政治剧变期间，普京的工作地点遭到了民众的突然袭击，这时莫斯科方面却没有及时作出回复和支援。事后普京总结道："事实很清楚，联盟已经'生病'了，并且病入膏肓、无药可救。这种病的名字叫做瘫痪——权力的瘫痪。"[13]

比起其他个人经历，弗拉基米尔·普京在德累斯顿的经历让他更加清楚地明白，此后无论是在克格勃效力还是在其他机构任职，自己都不应该盲目地追随某种主义或者某位领导人。他的忠诚应该献给这个国家本身而不是遵循某种管理方式的体系。20 世纪 80 年代后 5 年间东德的模糊概念为普京上了生动的一课，为 10 年之后——1996 年年末——他进入莫斯科权力中心奠定了基础。德累斯顿的经历使他不得不解答一些重要的问题：他究竟属于哪个阵营？目前又有哪些阵营？这些阵营为什么人的利益服务？如何确保自己的努力不会白费，不会为那些政见相反的人或者自己的敌人服务？如何确保自己不被某些狭隘的组织利用？普京得出的答案就是，你应当找到属于自己的真相，发现自己的最高价值，然后为真相和最高价值服务。无论平时关系如何亲近，都不要信任某个单独机构或者特定想法，更不要为某一个人或者某一个组织服务。细心观察事件本身，耐心等待结果。不要为了一时的方便阻碍未来的道路，还要尽量保持局外人的身份。普京观察发现，东德的瓦解是“不可避免”的，而当柏林墙倒塌，曾经的一切也随之覆灭的时候，令他“真正感到遗憾万分的是苏联失去了原本在欧洲的影响力。从理智上来讲，我明白，在高墙和深河上建立起的地位不可能永远都稳如泰山，但是我希望新的事物能够在此基础上发展起来。事实却是一切照旧，这一点令人痛心。”苏联集团分崩离析之后，普京震惊地发现：“他们（戈尔巴乔夫的团队）居然真的抛下一切离开了！”[14] 10 年之后，普京开始着手推行全新的政策，他吸取曾经的经验，力求这些政策将更加可行，更加适合在莫斯科现状，也能更好地帮助俄罗斯重新树立世界强国的地位。

缺失的“俄罗斯 DNA”

20 世纪 90 年代初期，对德累斯顿经历感到幻灭的普京回到了苏联。起初，他在列宁格勒国立大学任职，同时完成他的博士论文。[15] 普京在德累斯顿期间，列宁格勒发生了翻天覆地的变化。事实上，普京并不知道，他在东德拼命开阔眼界的时候，错过了在苏联汲取生活经验的的机会。《第一人》中记录了一段对普京前妻柳德米拉的采访，她在采访中强调了这一点。书中同时还记录了普京自己对此事的看法：“经济改革以及 1986 － 1988 年间发生的一切，我们都未曾亲身经历，而是通过电视了解了一些皮毛。因此，我只能在别人对这件事的转述中感受那段时期民众的支持和空前的热情。”[16]

20 世纪 80 年代末，尽管时局动荡，但苏联的知识分子蓄势待发，文化艺术等待萌芽，创新活动也空前繁盛。然而当普京一家回到祖国的时候，却来不及赞赏当时的精神面貌，而是发现国家正在垂死挣扎——“这个国家一切，甚至连执法机构都表现出一副死气沉沉的样子。”[17] 柳德米拉回忆道“到处都是拿着配给证、优惠券排着长队的人，而货架上依然空空如也。”与东德丰富的物资形成了鲜明对比，柳德米拉发现“即使是走在商店中都会感到震惊。我不能像大多数人一样，四处逛逛，发现便宜的商品之后排队购买。只能迅速找到最近的商店，买上生活必需品之后立即离开。当时留下的印象只有两个字——恐怖。”[18]

1985年，如果普京在克格勃中的职位比当时稍低，没有被派往德累斯顿而是留在了列宁格勒，或者仍是当时的职位但是被派往了俄罗斯的其他省份，他的经历和观念将会与现在大不相同，在与同事或者朋友探讨时事时想必也会是另一番看法。普京在德累斯顿的经历极为特殊，这对他的世界观造成了相当程度的消极影响。如果留在苏联，他的观念很可能在许多方面都会大有改观，这种环境还可能使普京对俄罗斯更加有信心——毕竟这个国家不仅走出了苏联时期衰退困境，还安然度过了20世纪80年代的剧烈动荡。美籍俄罗斯裔学者利昂·阿伦（Leon Aron）在《通往神庙的道路（Roads to the Temple）》一书中（这本书深度剖析了苏联这段重要历史时期的思想文化史和政治史），描述了20世纪80年代俄罗斯在戈尔巴乔夫的领导下发生了怎样的重大改变。[19] 戈尔巴乔夫积极推行“开放性”政策，使发展政治思想和高雅文化成为了苏联的当务之急。之前讳莫如深的问题，例如苏联时期的政府犯罪、滥用职权和侵犯人权的事件，如今在克里姆林宫以及苏联领导人的集体要求下，全部在民众面前彻底公开。这是一个在最高层面实行的精英计划，将其余人带入了一块未知的领地。苏维埃意识形态的面纱被揭开，民众真正看到了检验意识形态的标准。新闻、报纸、电视节目以及电影整天都报道着让人震惊的真相。各种各样的出版物铺天盖地地袭来。[20]

利昂·阿伦在书中写道：“成千上万的人都在争相阅读三年前的事情，”如果当时普京仍然在国内的话，“一定会把这些事情归为犯罪……早上六点报刊亭前面就排起了长队，有时甚至人潮汹涌到挤满整个街区。那时候一天发行的报纸两小时内就一售而空。”阿伦继续写道，苏联的出版物，例如《论据与事实（Argumenti i fakty）》这样的报纸成为了时事评论的发源地，订阅量在三年间飞跃式增长。当弗拉基米尔·普京在德国报纸和德累斯顿信息来源中搜寻到关于东德内部运作的高见时，两千多万苏联人民正在阅读《论据与事实》。甚至文学期刊、画报周刊，以及老牌出版物《消息报》和《共青团真理报》(Komsomolskaya Pravda)也吸引了好几百万的新读者。[21] 那些曾经被苏联审查部门列为禁忌出版物的作品和文章再度问世，民众争相追捧，例如布尔加科夫（MikhailBulgakov）的《大师与玛格丽特》和鲍里斯·帕斯捷尔纳克（Boris Pasternak）的《日瓦戈医生》。格鲁吉亚导演钦吉斯·阿布拉泽（Tengiz Abuladze）的电影《悔悟》在苏联各大电影院上映。电影隐晦地表达了对斯大林时期的批判，在西方世界甚至苏联都获得了广泛好评。[22]

在此氛围下，苏联的政治、文学以及文化信息每天都大量输出，然而身处东德的普京对此却一无所知。即使他迫切希望看到国内新闻，在严格管制下的德累斯顿也无能为力。当时的情况是，东德以具有破坏性为由，禁止苏联杂志《星火（Ogonyok）》在该国发行。这本杂志正是宣传开放性政策的先锋杂志，它与其他出版物一起被东德拒之门外。[23] 事实上由于埃里希·昂纳克的严格管制，不止出版物，普京在德累斯顿看到电视节目，听到的电台节目，也与远在苏联的朋友们完全不同。原本因为距离近，东德人大都可以收看西德的电视节目，但是德累斯顿这座城市却完全不能，不只没有电视节目，连能收听的西德电台也寥寥无几。因此，德累斯顿被喻为东德的“无知之谷”。[24]

在《第一人》一书中，弗拉基米尔·普京曾经说过，在情报组织工作的人必须想他人之未想，言公民之不敢言。但是，当普京在德累斯顿任职的时候，开放性政策突然开始鼓励所有的苏联公民转变思想，之前不敢言的事情公然高谈阔论也变得稀松平常。阿伦在书中表示，不止是大学和科研机构，甚至连普通的学校和工厂中也涌现出大批的辩论学会，工人们对突如其来的言论自由感到震惊。一个钢铁工人说道：“我过去从不跟别人交流思想，但是现在思想自由对我来说是一件再自然不过的事情。”[25] 有评论员表示，即使是电视观众也不得不观看那些“高度开放、真实并带有极大政治热情”[26] 的节目。

在阿伦的历史记录中，普京并不是主角，他出现的次数屈指可数。在《通往神庙的道路》的结尾，阿伦论述20世纪90年代，由于对帝国主义追思和追求复兴而颠覆了开放性新政策的时候，普京终于匆匆现了一下身。是他将勋章和名誉还给了安德罗波夫和那些克格勃的英雄们。[27]弗拉基米尔·普京之所以没有出现在阿伦的书中，部分原因是他根本没有走在“通往神庙的路上”。普京是俄罗斯经济改革的局外人，他既没有参与开放性政策，也没参加过辩论，这些事件的经过也许他都不曾看过完整的报道。在弗拉基米尔·普京亲眼见证东德革命的时候，他甚至连俄罗斯和苏联“精神革命”的旁观者都算不上。[28]

虽然身处德累斯顿，普京也清楚地知道国内正在进行改革和发展，但是只有身处变革中的普通俄罗斯民众才真正经历并理解这里发生的一切。对普通俄罗斯人，尤其是年轻一代——例如当时二十岁左右的德米特里·梅德韦杰夫——来说，“通俗”或者说流行文化正在悄然巨变。梅德韦杰夫曾表示过自己对西方乐队的喜爱，一个典型的例子就是英国的深紫乐队。20 世纪 80 年代末期，随着与外部世界文化壁垒的消失，许多苏联年轻人都喜欢听这个乐队的歌曲。不止如此，俄罗斯与苏联都在发展自己的摇滚乐团、文化偶像，以及青春电影，里面还添加了诸多时下流行的全新词汇。1987 年，一部叫做《阿萨》（Assa）的电影横空出世，轰动一时。电影中既有一些苏联当时极富盛名的新乐队和演员，也有苏维埃拥护派斯坦尼斯拉夫·戈沃鲁钦（Stanislav Govorukhin）。这些具有冲突的元素放在一起，充分展现了不同年代的人之间的不和谐。

新派人物以维克多·崔（Viktor Tsoi）为代表。崔是摇滚乐队“基诺”（意为电影院）的灵魂人物，极具魅力。他在电影《阿萨》中演唱了一曲《我要改变》，这首歌一夜之间成为经典，甚至在 2011 — 2012 年间仍被反复翻唱，特意用来抗议普京的政治系统。走红之后，崔频频出现在各种独立电影中，隐然有挑战苏联时代音乐荧屏偶像之势。然而不幸的是，1990 年崔因车祸猝然离世，他的死讯在苏联年轻人中引起了空前的悲痛。当代评论家认为，当时苏联的状况与 1955 年好莱坞巨星詹姆斯·迪恩（JamesDean）溘然长逝时的情形颇为相似。迪恩在《无因的反叛》（RebelWithoutaCause）中的角色同样也标志着美国新一代年轻文化的崛起。崔的故乡——列宁格勒，正是 20 世纪 80 年代这个先锋时期流行文化的聚集地。它是反主流文化的中心——在这里到处有人公开批判并讽刺传统。年轻的苏联摇滚乐队的爱好者，穿着剪裁独特的西方服装，昂手阔步走在大街上，有时甚至大批聚集在城市广场中央。[29]

20 世纪 80 年代到 21 世纪最初的 10 年间，弗拉基米尔·普京并没有亲眼见证这期间苏联和俄罗斯发展的全过程。这段空白断开了他与同龄人之间的联系，因此他的“俄罗斯 DNA”缺失了一部分，并且至今仍未找回。由于德累斯顿这个“无知之谷”，他完全无法了解这段流失的岁月，这一点在普京的文化以及政治倾向中可见一斑。普京经常引用 20 世纪 70 年代以及 80 年代早期的电影人物或者幽默段子，尤其喜欢引用他二十岁左右还是平民身份时经常看的电影，电视，以及笑话。柳德米拉在《第一人》中曾经提到过，他们在德累斯顿生活时，普京谈吐幽默并且十分善于抖包袱。[30] 尽管比起 20 世纪 70 年代，90 年代是个更加严肃的时代，但这个时期仍然是普京政治议题的永恒话题。而 20 世纪 80 年代末期的多元化和创新部分，以及戈尔巴乔夫时期的乐观主义正是普京丢失的部分。

无论是对苏联末期，还是戈尔巴乔夫领导下的苏联，弗拉基米尔·普京都抱着一种消极态度。当他回到列宁格勒的时候，这个国家和苏维埃体制从悬崖边上瞬间坠入谷底。如普京当时所说的，这意味着“我刚进入克格勃工作时所有的理想和目标都瞬间坍塌”。当时的状况“撕碎了我的生活。”[31] 在普京看来，苏联解体刚刚对自己的生活造成剧烈震荡，就进入了 20 世纪 90 年代，叶利钦统治下的俄罗斯又出现了不合时宜的动荡。尽管 20 世纪 80 年代末期已经有征兆表明即将诞生一个全新的俄罗斯，但是这些积极的发展仍然没能使普京的世界观有所改观。但普京的核心圈内的其他人对这段时期则抱有不同的体验和见解，其中最明显的就是德米特里·梅德韦杰夫。这段经历对他们复兴俄罗斯的观念将有至关重要的影响。在 2008 — 2012 年间的总统任期内，梅德韦杰夫明确提倡在谈论俄罗斯未来时能有更多元化的看法，也暗示政府有可能会推行新一轮经济改革。[32]而普京，这个 20 世纪 80 年代的局外人，则更关心个人制定辩论流程，以及完成他 2000 年入职之后开始着手做的事情。[33]

无所不能先生

普京在列宁格勒大学时候的表现就足以表明两点：第一，他总是通过站在某一个立场上掌控全局；第二，他喜欢为他人提供帮助。普京给予帮助的方式还展示出他另一个不拘小节的形象——他习惯用平民化的语言和粗俗的代名词来表达自己或者赢得别人的支持。普京将语言方式和玩笑视作与同龄人以及普通的俄罗斯公民建立联系的手段。因此，不论在苏联时期还是当代俄罗斯，这些人都认为普京是所谓精英圈以及其他备受宠爱的精英团体的局外人。

自从担任俄罗斯总理和总统以来，弗拉基米尔·普京更加频繁地强调自己局外人的身份。他也在各个方面积极打造自己的这一形象。他始终以国家领导人的身份示人，永远是置身于政治以及争端之外的形象，只会在周密观察之后才决定自己是否需要出面协调或者何时出面协调。2012年选举期间的纪录片强调了普京在俄罗斯权利巅峰独一无二的形象。这些纪录片展示了他对工作的热忱，不辞辛苦亲自跑遍俄罗斯联邦的每一寸土地，亲自处理国家所的事务，并且不遗余力地为俄罗斯人民谋求福利。[34]

从这些描述中显然可以看出，尽管弗拉基米尔·普京不愿以直接参与政治的形象示人，但是事实上，他控制着局势——或者他想让俄罗斯精英和普通民众认为他掌控着局势。俄语中的控制一词在释义上与德语和法语中的解释相似，意思是“监控”或者“约束”，这与英语语言中“用积极的态度控制并推动事情发展”的定义完全相反。从普京在街头“称霸一方”的童年时期开始，置身事外，监控事态发展的思想就一直伴随着他——他既是“孩子”又是“局外竞争者”。举个例子来解释，奥列格·布洛茨基的著作中曾经引用了普京的同学维克托·鲍里先科的话，他表示，即使是小时候，弗拉基米尔·普京也会尽量隐藏在公众视线之外。只有决定表明自己观点的时候他才会站出来——这就是他在一堂令人难忘的历史课上的表现。[35]

鲍里先科提到，中学和大学时期普京都表现“合群，但始终处于超然事外的状态。他会参与到事件当中，但是仍然保持着局外人的身份。”其他评论家也发现普京在不同的生活和事业期都表现出了这一特点。普京总能做到身处其中而又置身事外。普京喜爱柔道，在青少年和学生时期花费了大量时间练习，这项运动也强化了他的这个特点。中学和大学时期，他常常远离喧闹的人群，和柔道俱乐部的成员一起练习。在同学们忙着聚会的时候，普京却专注于自己的训练。他的柔道队友们是一群关系亲密的同龄人，和他们在一起他可以全情投入。事实上，普京在就任总统之初的自传访谈中提到：“我和那时一起参加训练的柔道队友们还保持着朋友关系。”[36] 在列宁格勒大学，休息时间总有很多小团体聚集在校内的院子里抽烟。普京一直是这些人中的一员，但是由于训练的关系他却从不抽烟。这期间他总是静静地观察和思考。普京身边的人都觉得他身上安静的一面凌驾于一切之上——他永远都是无处不在、神秘的“瓦洛佳”。[37] 在普京成为国家最高领导人之前，他一直是一个“在两人集体中都可以消失的男人”。[38]

在《无脸的男人》一书中，记者玛莎·葛森用一整章记录了普京的青春期对“大杂院文化”以及他“受排斥的身份”的认可。她指出，普京刻意打造其“暴徒”的形象，就是为了给公众看。自 1999 年普京第一次威胁要将车臣恐怖分子“溺死在粪坑”的时候，普京的“暴徒”或者说硬汉形象就成为了他最为突出的中心特征，也使他与莫斯科的精英分子之间变得泾渭分明。在担任总统和总理期间，任何时候，只要他与人们接触，都会树立一种人民公仆，俄罗斯真正的“耕耘者”的形象。在许多电视采访节目以及偶遇民众的时候，普京都在传达这样一种信息：“我不是莫斯科备受宠爱的精英人士，我和你们是一样的。”2011 年 12 月议会选举结束后，莫斯科及其他城市爆发了抗议活动，随后 2012 年又举行了总统选举，在此之后普京再次澄清了这一点——我不属于精英。无论在会议还是聚会中，甚至是在 2011 年 12 月 5 日电视电话访谈的问答环节中，他都有技巧地将自己摆在了莫斯科精英圈之外的位置。

参加访谈节目期间，普京和伊戈尔·赫尔曼斯基(Igor Kholmanskikh)展开了深入交流。赫尔曼斯基是下塔吉尔镇乌拉尔轨道车工厂的一个领班。鉴于当时许多街道参与抗议活动，他提出要帮助普京重整莫斯科局势，“解决这些问题”——颇有男子汉气概和劳动者风范。赫尔曼斯基表示，在普京忙于为民众解决问题的时候，这只是自己和同事的举手之劳。普京对此表示感谢，但是拒绝了这一提议。然而数月之后，他却做出了让国内外研究者大惑不解的决定，将伊戈尔·赫尔曼斯基提升到了区域代理的位置，也就是俄罗斯总统驻乌拉尔联邦区特使。总统给他下达的指示是“维护人民的利益”。来自乌拉尔的忠诚代表自此出现在了全国人民的视野之中，与身在莫斯科却并不忠诚的精英形成鲜明对比。

掌握俄罗斯绝对权力 12 年后，普京仍然能保持着局外人的角色，没有融入莫斯科特权精英的行列，这听起来似乎颇为荒诞。但是弗拉基米尔·普京确实是以局外人的身份从多个层面开始职业生涯的。局外人的重要身份是他掌控权力的原因，只有这样他才能抛开意识形态的包袱，转变思维方式，静静观察与等待，从而抓住属于自己的时机。普京拥有出众的硬汉形象，一方面凭借自己的顽强、才智以及韬光养晦的方式幸存下来，并且保持着昂扬斗志；另一方面，从局外人的角度介入，解决问题。这是 21 世纪最初的 10 年间普京政治品牌的一个巨大优势，也是他被称为俄罗斯政界大佬的一个原因。2011 年以前的大多数时候，甚至是担任总理，离开克里姆林宫的那些年，他在众人心中依然是这样的形象。

普京在公众面前表现最出彩的地方就是在电视直播或者公众会议中，

毫不留情地批判那些官僚作风以及寡头政治。当公众对某些问题表现出强烈不满的时候，这种例行的批判就会上演。这让普京有机会展示自己亲力亲为的形象，并且告诉民众，无论事情大小，普京都能够并且会将问题妥善解决。每当这种时刻，普京都会向大家表明，他一直掌控着局势，如果有必要，他会在最关键的时候亲自介入。正如俄罗斯分析人士玛利亚·李普曼指出的那样，普京是大佬的事实使他最高领导人的地位在俄罗斯民众中一再巩固并合法化。

证明普京大佬形象的示例不胜枚举。有记录的最佳例证就发生在2009年。当时正值俄罗斯金融危机时期，数百名当地民众从镇里的水泥厂下岗回家。这样的乡镇企业是俄罗斯大型集团基本元素的重要组成部分。当时，抗议者要求赔偿，聚集在一条主要交通干道上，造成了堵塞。无法移动的车辆绵延了数百公里，该镇交通彻底瘫痪，当地政府根本无力解决眼前局势。这时，弗拉基米尔·普京和一名随从信步闲庭地走入该镇，大力斥责名义上的工厂主——著名的寡头董事长奥列格·德里帕斯卡。原本这次抗议事件占据了所有报纸、电视新闻的头版头条，但是在普京以夸张的姿态责令德里帕斯卡和厂长重新开工，并将其称之为“蟑螂”之后，事件就轻易平息了。

普京的公关团队认为，民众乐于看到普京训诫那些他们厌恶的公众人物，如果有机会，民众自己也会用相同的话、采取相同的措施。以史为鉴，普京作为硬汉领导人，他的想法和做法与俄罗斯历史上一些英明的沙皇是相通的。在帝国时代，普遍流传着这样一个信念，即沙皇时刻准备着并且乐意为人民解决一切大小事务。但是沙皇的热忱被身边的波维尔成员阻挠了。波维尔由贵族阶层（俄罗斯现代寡头的历史替身）、顾问，以及其他官员组成，这些人都拒绝向他呈报紧要事务。这就像俄罗斯评论员经常提到的，“只有国家元首才能解决个人问题的思想已经深入人心。”因此，普京肃清了“波维尔”，以便能够接触到问题的核心。然而，《俄罗斯商业日报》2012年4月的一篇社论却暗示普京的外部干预已经变得过火了。

这篇社论还转播了著名俄罗斯女演员楚潘·哈玛托娃的控诉。哈玛托娃建立了一项慈善基金援助俄罗斯儿童。在英国广播公司（BBC）的一次访谈中，哈玛托娃表示自己的基金会总是需要面对重重阻碍。从种种现状来看，唯一可以清除官僚或法律障碍的人似乎只有弗拉基米尔·普京本人。

《俄罗斯商业日报》的编辑们发现，俄罗斯的所有机构——从慈善机构、执法机构、法院到选举管理委员会，都需要政治体制的最高层给予他们某些刺激和压力，才能正常运作。由于俄罗斯的司法和立法机构均由执政者直接管理，一些常见问题也必须向弗拉基米尔·普京报告。他们还提到了普京解决重大事件时的表现。例如，2009 年普京抵达皮卡廖沃责令奥列格·德里帕斯卡重新开工；2010 年 8 月，应对莫斯科森林大火，他督促急救服务迅速到位；2011 － 2012 年间，为了缓解当地的经济困难，他多次奔赴俄罗斯偏远地区，帮助发放联邦预算资金。因此编辑们得出一个结论，2012 年，只有一位俄罗斯政治家，也就是“第一人”先生才能解决俄罗斯的重大事件。弗拉基米尔·普京是俄罗斯唯一一个“无所不能先生”。[39]

事实上，当众责骂下属、为人严厉、应对紧急事件时公开表现，这都是自普京担任俄罗斯领导人之后公关团队专门为他打造的形象。虽然普京一直以无所不能著称（回顾一下他与索布恰克在圣彼得堡共事，和担任市长时期他的核心团队），但是从他早期的经历中可以看出，普京通常习惯采用一种更温和、更安静和更平缓的幕后处理方式。在成为总理和总统之前，即使是进行胁迫，普京也会给对方（即使是陌生人）施以小恩小惠，有时甚至还会帮忙解决大问题。他就曾经为一位著名的俄罗斯反对派人物帮过大忙。当时还是俄罗斯联邦安全委员会负责人的普京与这位反对派人士并无私交，但是他公然违背了长官收集可能受贿资料的命令，成功让这位反对派人士逃过了丑闻一劫。得知此事的反对派人士万分震惊，后来有机会见到普京并向他当面致谢的时候，他问普京为什么要冒险救自己。普京耸了耸肩，回答说：“你永远不知道每个人最终会变成什么人[40]。”普京想通过各种方式让别人对自己感恩戴德。

第八章

CHAPTER8

普京就是俄罗斯

每个国家的历史上都会阶段性地出现对本国发展具有特殊意义的政治人物，普京就是这样的政治领袖。

——阿列克谢·木希恩

“莫斯科之春”

2011年11月，在莫斯科郊外瓦尔代国际辩论俱乐部的晚餐会上，我们当中有人向普京提问。大意是在他结束执政期之后，希望留给俄罗斯民众什么，期待民众给他一个怎样的评价。普京打断了问话，直接回答道：“不要急着给我安排葬礼！”在这种场合下，他故意用一个玩笑回避了我们的问题。然而当时很多在场的人都认为这句话很值得玩味，普京本能做出的回答似乎反映出这样一个信息——只有死亡才能让他走下俄罗斯的政坛。

晚餐会之后的几周时间里，普京即将卸任总统的话题成为了公众讨论的热点。2011年12月，俄罗斯爆发大规模抗议活动，这一系列抗议一直持续到2012年。在这期间，俄罗斯民众们成群结队涌上街头，人数之多，创造了20世纪90年代以来的最大规模。这一系列的抗议活动大大出乎普京本人、他的幕僚们以及外围观察家们的意料。而西方媒体对此却颇为津津乐道。2012年3月3日，《经济学人》在封面上用大标题报道——“普京卸任的前奏”。然而尽管有些人不断期盼普京早点离开政坛，事实却难以如愿。普京经受住了民众抗议的考验，不仅安然渡过了任期，并且成功在2012年3月的俄罗斯总统选举中赢得了连任的机会。2011年年末至2012年年初的抗议游行示威活动并不意味着普京政治生涯的终结，也不是“普京主义”的末日，但它们确实是普京及其体系的一个转折点。关键在于，随着时间推移这些抗议活动的规模会不会变得越来越大——并且如果事实果真如此，普京还能否继续掌控全局。十几年前，即 1999 年年末至 2000 年年初，当时的普京借助自己六个身份的力量从克里姆林宫的工作人员直接晋升成为克里姆林宫的主人。而 2012 年，弗拉基米尔·普京开始着手竞争新一届的总统，准备连任到 2018 年。他能依靠同样的力量来应对新型挑战，顺利获得第三次连任的机会吗？各方均拭目以待。

事实上，早在 2011 年冬季之前，普京对整个集团内部运转的失望之情就已经溢于言表。这个体系并没有像他所期望的那样平稳地自动运转。尝试数次的人工控制方法也没有收到成效。然而尽管俄罗斯集团的内部存在问题，但是仍然不能与 2011 年 12 月示威事件所显示出的外部危机相提并论。普京的当务之急是从一个更加广阔并且更加社会化的角度来看待俄罗斯集团的问题。

在现实世界的企业当中有这样一种与市场无关的二级概念——“利益相关人”。这些个人或者群体并非企业的管理者，也不是股东，但是企业的运营状况却与他们的生活息息相关。所以，尽管从法律角度来讲他们不具备企业所有者相应的权利，但是他们却因为生活与企业运营利益相关而认为自己应当享有相应的权利。这些人一般就是普通民众以及企业周边的社区居民。通常情况下，他们很难有机会在正式场合表达自己的想法，因此他们会选择采取非正式、甚至是法律管辖范围以外的方式向外界传递自己的声音。对于普京统治下的俄罗斯集团来说，围绕在普京和克里姆林宫周围的少数真正股东并不会提出抗议，而外围的利益相关者却群起激愤走上街道发起示威游行。

从表面上来看，2011 年 12 月 10 日爆发的抗议活动是民众对前一周议会选举结果做出的回应。在议会选举上，俄罗斯当时的执政党——统一俄罗斯党只赢得了 49% 的选民投票，这种结果被大众普遍解读为统一俄罗斯党失势了。该党所得的票数远远低于克里姆林宫公关专家的预期，投票民众纷纷转向了共产党和其他“官方”反对党。俄罗斯人普遍认为统一俄罗斯党获得的票数应当更低，因此选票结果让人无法接受。不仅仅是投票结果难以让人满意，投票以及计票过程中各个选区都出现了严重的舞弊行为，莫斯科地区尤为严重。这一系列导火索最终引发了民众的大规模抗议。但最令人愤懑的是，选举当局拒不承认自己的陋行。俄罗斯民众充分利用了俄罗斯全部的社交媒体渠道，官方报道出来之前他们在互联网上曝光了各个选区官员公然干预投票的丑行。对此，相关负责人只能含糊其词地否认，民众干脆将他们心虚的表现也在同一媒体上公开。

互联网在俄罗斯人的生活中扮演着一个极其重要的角色。早在21世纪初的头10年中，俄罗斯的网民数就已经跻身世界前列。他们拥有自己的社交网站——vKontakte（类似于Facebook，同时也被称作VK.com），同时热衷于创作博客以及在YouTube网站上上传视频。从某种层面上来讲，俄罗斯社交媒体活动成风，隐晦地反映出一些政治问题。2012年冬季选举期间，俄罗斯民众选择不受国家掌控的互联网来共享信息。选民们可以通过多方渠道实时了解竞选活动以及投票信息。而最让克里姆林宫感到危机感深重的是，社交媒体使民众可以自由发表对普京及其体系的真实感受。

尽管杜马选举是引发民众抗议的直接催化剂，但是早在2011年9月24日普京公开宣布自己将重新担任俄罗斯总统时，公众就已经被其理所应当的态度激怒了。这番言论让很多俄罗斯人觉得未来忽然间阴霾重重。普京发表这番言论之后不久，社会上立即流传出一张将年迈的普京装扮成前苏联领导人列昂尼德·勃列日涅夫的讽刺图片。20世纪70年代，勃列日涅夫统治下的前苏联正处于政治和社会发展的停滞期，民众只是过着一种表面上的舒适生活。这张图片在互联网上广为流传，充分代表了公众日益增长的不满情绪。

2012年1月，记者迈克尔·伊多夫在《纽约客》上发表了一片题为《新十二月党人》的文章。伊多夫原本是俄罗斯人，结交了很多年轻的俄罗斯朋友。他的这些朋友全部都参加了2011年莫斯科抗议普京的示威游行。伊多夫在文章中表示，9月24日普京发表公开言论之后，他和自己那些20岁、30岁上下的朋友们聚在一起，谈论普京什么时候才愿意主动离开政治舞台。

最后的结论让他们感到颇为沮丧，不禁为自己以及未来感到无限担忧。未来的 6 年甚至 12 年的时间内，正是他们精力旺盛、创造力无限的大好时光。他们不愿意把这段时间浪费在在某一个人的政治阴影下——这不仅仅意味着国家的停滞，也意味着个人无法充分发展。伊多夫的朋友们想要的是并不是这些。尽管他们并不知道自己具体在渴望什么，但是他们希望至少自己能有一个选择，一个能够为俄罗斯未来发展贡献力量的机会。他们要的不是虚伪的政治作秀，而是真正的政治决策。他们绝对不希望看到一套以个人为中心的体系，不管这个人具有多少重身份，多少伪装。

然而，克里姆林宫的公关专家们却没有注意到公众这种逐渐蔓延开的情绪。或者他们已经发现，但是却并没有在意。在准备这场从冬季一直持续到早春的选举时，他们在某种程度上意识到了民众对政体的不满。但他们分析得出的结论是，只要统一俄罗斯党成为替罪羊，在选举中落选，普京必然能轻松胜出。出于这个原因，他们甚至在议会选举之前让普京与这个党派彻底划清界限。事实上，普京从来都不是该党的正式成员，哪怕他掌握着统一俄罗斯党的真正领导权，一直受到这个党派支持的时候也是如此。议会选举中，由德米特里·梅德韦杰夫领导了统一俄罗斯党的竞选活动。与此同时，克里姆林宫还在推广人民阵线，想当然地认为只要联合非政府组织机构，就能从新渠道中获得民众支持，得出更高的政见。[1] 人民阵线的本意是加强普京与俄罗斯民众之间的关系，为他争取党派之外的额外支持。然而事实证明，这些举措并没能带来任何实质性的结果。选民们看穿了普京与当前执政党之间完全不同的假象。并且指责也都纷纷落在了普京体系的中心——普京本人身上人。选举中发生的一切——统一俄罗斯党让人难以信服的票数、选举过程中的舞弊行为、选举当局对舞弊行为的回避态度（甚至还不肯为此而道歉），民众们表现出的不满，以及对普京表现出的前所未有的不尊重——所有这些都成为普京参加 2012 年 3 月总统竞选的不利因素，为普京的政治标签摸了黑。[2]

下一步应当采取什么样的措施，如何才算是正确的做法，克里姆林宫正承受着极大压力。统一俄罗斯党日益声名狼藉，普京及其团队首先采取的措施就是进一步远离这一党派。普京选择了以个人身份参加总统竞选。然而这种做法也就意味着他无法借助党派的运作机制保证自己在选举中胜出。按照之前的做法，党派可以管理竞选过程并通过限制民众，控制投票基数。普京的团队只能将所有的重心都放在媒体宣传上，极力帮普京恢复影响力，赢得选民们的信任和支持，同时贬低他的竞争对手，积极要求选民们到投票站投票，防止因为普京的得票率低于50%需要参加第二轮投票的状况出现。姑且不论这次选举的巨大开销——更不用提他根本不曾遭遇真正的竞争——普京最终也只得到了64%的选票。也许这个得票率在其他选举中大为可观，但这并非克里姆林宫的理想结果。德米特里·梅德韦杰夫在2008年得到的投票率为71%。普京自己2004年的投票率也有72%。

普京面临的问题并不仅仅只是支持率下降，还有一些趋势也使他的团队不得不产生危机感。普京在某些选区的绝对优势正在逐渐消失，从社会经济学的角度来说，他的支持率也呈下降趋势。一方面，某些据说有大批普京拥护者的地区最终得出的票数十分离谱，让那些心思细腻的观察者们不禁怀疑整个选举就是一场骗局。有五个地区宣称普京的支持率超过了九成，这些地区都处在氏族集团的控制之下。而由于个人忠诚度、资金以及势力的原因这些集团与克里姆林宫休戚相关——这些集团绝对拥有得到自己预期票数的能力。例如，车臣地区宣称本地区普京的支持率高达99.76%。而另一方面，从西部的欧洲俄罗斯一直到东部的西伯利亚，俄罗斯各个大城市中普京的支持率不到五成，甚至距离五成还有相当一段距离。在俄罗斯首都——整个俄罗斯最具影响力最富有的城市莫斯科，普京的支持率却最低，还不到47%。然而无论如何，普京最终在2012年三月的选举中胜出，重新掌控了国家政权。但是，在俄罗斯的大部分地区，甚至包括克里姆林宫外的国家首都中，他的地位都变得岌岌可危。

俄罗斯众多大城市相对集中的反普京情绪反应了一个事实，也显示出俄罗斯民众抗议活动与同一时期西方欧洲地区抗议活动的本质区别。俄罗斯选举抗议并不是因为对经济政策不满，或者受到了2008年经济危机的冲击。甚至可以说，正是由于普京制定的经济政策切实有效并取得了巨大成功，才催生了这场抗议。2012年三月总统竞选之前，俄罗斯反对派领导人弗拉基米尔·雷日科夫曾经接受了一次网络采访。他在采访中描述了莫斯科街头形形色色的俄罗斯人。一个世纪之前莫斯科到处是饥饿的农民、怨言丛生的士兵和水手，他们成功推翻了沙皇统治。现在这些人已经不复存在了，取而代之的是“程序员、经理人、律师、工程师、记者和银行家”。[3]

换言之，这些示威游行者都是一些具备经济实力、拥有一定社会地位的人，而非那些经济窘困的社会底层人士。他们是世界市场上的消费者，他们的思想方式与欧洲人如出一辙，因此希望自己能在方方面面都享受与欧洲人相同的待遇，其中就包括政治。这些人属于一种全新的社会阶级，大都产生于2000－2012年普京统治期间稳定、繁荣的大背景下。这些人走上街头，一方面是抗议经济地位提升后出现的不协调，另一方面是抗议普京及其团队没有给予他们相应的政治权利。雷日科夫在采访中清楚地传达出了这群人的需求。他说，2012年的俄罗斯人不再是以前的那些幼稚的苏联人了——以前的苏联人并不知道自己想要什么。俄罗斯社会现在已经达到了与欧洲社会一样成熟的程度。“但是，”他补充道，“这个政权仍然还是苏联模式。而这就是当前的主要矛盾。”

雷日科夫是在为过去20年间俄罗斯发展壮大起来的“大批中产阶级”代言。那些示威游行者就是从这个群体中发展而来的。这些人目前还没有确切的称谓，但是在描述这个群体时永远离不开的一个字就是 “新”。他们是新兴知识分子，是迈克尔·伊多夫口中的“新十二月党人”，是新的城市中产阶级。正是因为这种全新的性质，使他们与普京产生了诸多分歧，甚至走向了完全相对的立场。2012年1月帕夫洛夫斯基在接受《卫报》采访时曾经谈到过20世纪90年代的精英阶层，普京似乎就属于这一类人群。然而时代在变，精英的概念已经改头换面，再不能以20世纪90年代的标准来判定了。示威游行者中有很多人在那个年代还是青少年，他们没有和普京一样关于那段时期的黑暗记忆。普京与他们之间完全没有共同点，甚至在面对他们的时候无法表现出自己的深度。正如之前我们在说到的判断“局外人”的标准一样，普京的言谈举止让这一群新兴阶级认为他是彻头彻尾的“局外人”。对他们来说，普京生硬的笑话还停留在苏联时代。也许与普京同一时代的人听来会会心一笑，但是对于新的城市精英们而言，他们完全不懂这些笑话有趣在哪儿，究竟是什么意思，甚至有可能会觉得自己受到了冒犯。因此，当普京不得不与这些抗议的声音对话的时候，他不是不想力挽狂澜，而是根本做不到。作为一个当代政治家，他的能力并不完备。普京是一个中央集权者，得益于自己的政治地位而成功当选总统。在参与选举的过程中，除了电视作秀，他从未真正与草根阶层或者真真的民众接触、交流过。在为俄罗斯掌舵期间，普京始终坚持着自己在 1999 年 12 月新千年讲话中制定的目标——振兴俄罗斯。如今的俄罗斯每天都处在日新月异的变化当中，普京却并没有随之改变自己的政治决策。2011 年年末至 2012 年年初的总统竞选期间，普京仍然坚持这自己过去的理念。他在演讲中着重强调了自己为俄罗斯作出的贡献。还将自 2000 年自己执政以来俄罗斯表现出的繁荣和稳定与 20 世纪 90 年代的混乱做了一番对比。[4] 他将自己比作诸如美国总统弗兰克林·德拉诺·罗斯福，这样长期在位的世界领导人和政治家。从经济大萧条时期一直到二战即将结束，这段时间之内，罗斯福总统获得了前无古人——也后无来者——长达四任的总统任期。[5] 而作为俄罗斯总统，普京不断强调自己是“英雄改革者”，他将结束百年来国家改革失败的局面，成就伟大的俄罗斯。

然而很多人都对普京的宣言充耳不闻。抗议者并没有鼓励和赞扬弗拉基米尔·普京过去做出的努力和成就，这些新的城市中产阶级反而质疑他为现在的俄罗斯做了什么，对未来又有怎样的规划。在他们看来，普京总是以历史观察者的身份，参照俄罗斯辉煌的历史和传统为现在的俄罗斯制定政治策略。他们极其反感这种做法。[6] 弗拉基米尔·普京确实让俄罗斯在海外声名鹊起，也使俄罗斯对世界的影响力逐渐上升，恢复了俄罗斯人对国家的信心。但是在俄罗斯本土，很少有人认为国家代表着大多数人的利益。但是普京在宣言中并没有谈及解决这个问题的办法，只是强调会完成自己未竟的事业，实现曾经的承诺。

对不断发展壮大的俄罗斯城市专业人才——尤其是莫斯科地区的这类人群——来说，普京坚持自己应当重新担任俄罗斯总统的行为彻底否定了他们的个人尊严。他们期望得到与现代欧洲国家公民相同的待遇，但是普京肆意操纵政治和媒体，在公众面前作秀，在2011年12月议会选举时伪造选票，这些行为无疑践踏了他们的期待。普京用实际行动拒绝了他们的需求。他将这些人的关切标上了非法的标签，并且声称这些抗议者要么是被非主流的少数派和专门的反对派人士教唆，要么就是受到了国外反对派势力的资金支持和干预。[7]即使他不侮辱这些人——事实上他确实侮辱了，例如，再一次全国电视采访中，普京表示他把抗议者领口上的白色丝带误认为是保险套——他也只能对抗议者们说一些场面话，就是他对自己的“圈内人”——他的官僚们——所说的那一套。[8]通俗点解释就是：竞选总统时，你可以畅所欲言（这个场合允许异议人士出现）。不管是按照自己的意愿投票，还是支持反对派候选人参选，甚至在公开场合发表反对言论，这些行为都是正当合法的。但是一旦选举结束或者最终结果已经公布，你就只能接受现实——这是大多数人的意见，已经是既成事实。总统的人选已成定局，这就决不允许再出现反对意见和不符合主流的声音。

2012年4月11日普京发表了上述言论。选举和辩论之后，当年5月7日他又发表了总统就职演说：

在议会选举以及总统竞选期间，俄罗斯度过了一段颇为紧张的时期。事实上直到今天，我们仍然可以感受到不断恶化的反对情绪，以及各种政治斗争。但是对于一个拥有成熟民主体制的国家来说，必须接受竞选已经结束的事实，而选举结束往往意味着协调合作时期即将展开。我们只有一个俄罗斯，对所有希望为这个国家的建设有所贡献的政治力量来说，当务之急是团结起来，为俄罗斯的高度发展而努力。[9]

抗议者们并不希望听到“放下政治开始工作”的警告，事实上这恰恰是导致他们抗议的原因。

2012年在总统竞选中胜出后，普京很容易认为新城市中产阶级在俄罗斯蓝的宏伟图中根本无关紧要。在克里姆林宫看来，这些人只是少数派，甚至比少数派的人数还要少。普京在总统竞选中获得了64%的支持选票。因此他选择在俄罗斯“沉默的大多数人”身上建立自己的政治支持。这些人中有工人、公务员、退休人员以及农民——就像皮卡廖沃、北高加索等地区内依靠单一产业的城镇居民一样，他们完全依靠国家的补贴生存，因此需要地区领导人与普京搞好关系。就在抗议者发现自己的酒杯逐渐空了一半的时候，普京和“沉默的大多数”则发现自己的酒杯已经满到一半，甚至已经超过了一半。

虽然普京的本意是尽可能忽视这些抗议者，但是他却陷在进退两难的境地中无能为力，而这种两难境地恐怕将伴随他整个任期。普京重建和复兴俄罗斯的长期战略是建立在人力资源之上的。能够承载俄罗斯未来的人必然将是这些新兴的城市中产阶级，甚至有人将他们称之为“创造阶级”。但是普京并没有真正明白这些人对国家的价值，也不知道应当怎样与这股力量联合起来。这群新兴的城市中产阶级目前大部分集中在莫斯科地区，这是普京面临的另一大难题。而具有讽刺意味的是，直到现在普京对莫斯科来说仍然是外人。按照普京自己的说法，1996年他从其他省份来到了莫斯科——从圣彼得堡，俄罗斯的第二大城市而来。这座城市因为在苏联时期失去了俄罗斯帝国的首都的身份而怨恨四起。普京身负使命来到莫斯科，从本质上来讲他是来到了“敌人的领域”，到这里来统治那些政治寡头并振兴国家。他一直都处在敌人的领域中。在卢日科夫担任莫斯科市长期间，以普京为首的克里姆林宫始终与莫斯科水火不容。在2012年3月的总统选举中，成千上万的莫斯科居民投票反对普京。尽管普京每次提起这些抗议者和莫斯科的特权、津贴制度时总是表现得很不屑，但他的痛苦是显而易见的。在处理莫斯科的事情上，他无法做到泰然处之，而是非常情绪化。莫斯科不能为普京的总统之位提供助力，也并不喜欢普京的个人体系。普京使俄罗斯现代化的发展程度越高，像莫斯科市民这样反对普京个人及其体系的人也就会越多。

从更宏观的角度来看普金所面临的问题本质，其实2011年12月走上街头抗议的人大多数都可以算作是普京的“同事”。抗议者中有很多都是公务员，其中包括政府机关的工作人员、智囊团、克里姆林宫赞助的特别部队以及委员会，还有一些与克里姆林宫关系密切的政治寡头所属集团的员工。连德米特里·梅德韦杰夫都发现，抗议游行者当中有自己现在的下属，还有在他担任总统期间身边的工作人员。普京的前财政部长，阿列克谢·库德林以及其他与克里姆林宫有关系、同时又在国家机关中工作的人都发现身边有人参加了示威活动。[10] 其他地区的游行示威者也是同样的状况。这些示威者都是公务员，他们相信2008年至2011年在普京和梅德韦杰夫联合执政的创举，使一个更加多元化的体系浮上了水面。他们希望各级国家机关能够多制定一些战略计划，而不仅仅是制定执行计划。希望自己渴望政治变革和经济改革的诉求能够被上层重视。这些人认为，在联合执政期结束之后，尽管这种形式在理论上仍然存在，但实则名存实亡——很明显权力又集中到了普京总统手中。虽然仍然身处总理的高位，但是德米特里·梅德韦杰夫显然被降级了。现在看起来，这个体系是不可能从内部开始改变了。[11]

辉煌背后的荆棘与暗流

2012年，俄罗斯走到了国家发展的十字路口，正如20世纪70年代末、80年代初以及90年代中期苏联的遭遇一样，俄罗斯内部对改变现行政治体制的呼声日渐高涨。在20世纪70年代末期，苏联由于扩张过度，引发了社会的强烈不满，并且这种情绪愈演愈烈。这种改革的需求首先来自体系内部，其中包括尤里·安德罗波夫领导的克格勃。20世纪80年代苏联终于回应了这一需求，提出了改革开放的政策，其中的首要任务就是改革政治体系。然而这项政策并没有实现初衷——改革苏联体系、振兴国家，反而导致了苏联解体。20世纪90年代，在恢复国家权力机构，选举领导人——重新建造强国——的需求驱使下，普京顺势而行成为了克里姆林宫的主人。在21世纪的前10年中，很多从国家复兴中受益的人，包括一些在政府机关内部工作的人现在都希望国家实现民主化。从很多方面来讲，他们都与上世纪80年代苏维埃政治体制下的人们有着相同的诉求——推行改革和开放，让公众更多的参与到政治决策和国家管理中去。

20世纪80年代，在诸如克格勃这样典型的权力机构中，许多精英都反对苏联为了虚妄的理想而牺牲国家利益。诸如阿纳托利·索布恰克和瓦列里·佐尔金等法学学者——这两位分别为普京的导师以及支持者——都希望压制执政党的权力。苏联的知识分子们以及年轻人们不仅仅要求共产党，同时也要求社会给予他们为国家未来建言献策的机会。于是具有讽刺意味的是，普京成为了当代苏联的化身。21世纪的前10年里中，人们主要反对将总统职务私人化，要求国家和社会利益高于总统本人。抗议者们希望国家的高级领导者们能够拥有更多实权，而不仅仅是为最高总统服务。那些在上世纪80年代经历过改革的人，包括前苏联社会流行文化的青年偶像，都参加了2011－2012年的游行示威活动。

阿列克谢·库德林以及许多其他俄罗斯精英人士曾经指出，普京过于依赖自己的体系，而这个体系本身缺乏灵活性、无法找到应对和解决严重社会性群体事件的方法。普京无疑在重蹈前苏联的覆辙，这种做法风险极大。[12]克格勃第五任主席菲利普·鲍伯科夫在1995年撰写了一本回忆录。他在书中抨击了勃列日涅夫治下的苏联高领导层，认为他们没有及时发现社会要求改革和民主化的需求。经历过这场变革之后，鲍伯科夫发现了问题所在。当时苏联在内部已经出现了社会、政治以及经济三大危机，并且不断有分析人士针对这一情况发表见解，然而国家领导们却视而不见。鲍勃科夫对此极为愤慨："那些严谨的学者们——社会学家、哲学家、政治家、科学家和历史学家——已经提供了足够的数据，但是由于国家领导们能力不足，所以根本无法分析出问题所在以及解决之法。"[13]尽管我们无法得知鲍勃科夫是否在那个时代就意识到了这一点，但他确实目睹了苏联社会摇摇欲坠时期国家领导们做出的错误决策。高层领导没能及时的发现弥漫在各民族选民的怨愤之气。[14]他们没有接纳知识分子，与他们沟通、进行思想上的碰撞，而是一味抨击打压。[15]他们完全排斥宗教，杜绝俄罗斯东正教教会，尽管东正教一直都是俄罗斯民众的精神支柱，还是支撑这个国家的主要力量。[16]鲍伯科夫在总结中写道，有异议是无法避免的，出现异议也很正常，关键在于要"与民众进行广泛交流"，包括与政见不同人交流，以及接纳不同的世界观。[17]

鲍伯科夫担任克格勃第五任主席时，普京加入了克格勃，成为了安德罗波夫的手下。根据记录，当时普京也认为出现反对意见是正常现象并且乐于听取这类意见。然而，在2011－2012年的抗议活动浪潮中，普京却认为抗议中表现出的反对意见是不正常的，并回避了与自己政见不同的人。弗拉基米尔·普京喜爱的另一个历史人物是亚历山大·克里斯多夫洛维奇·冯·贝根道夫将军。1825年十二月党人第一次起义时，贝根道夫将军设立了高级警察，专门研究公众情绪。冯·贝根道夫认真处理社会需求，并从中找出平复怨气、阻止民众变成革命党人的方法。[18]与之类似的是，普京诸如鲍里斯·奇切林之类的保守派法律智囊团们，在保持国家掌控力的同时采取了较为自由的解决办法。这些人采取的做法都是为了国家。他们的目的都是通过接受改革进而避免革命。阿列克谢·库德林建立公民倡议委员会（KGI）的目标也是如此，这个机构是前财政部长以及克里姆林宫内部人员在2012年4月建立起来的，主要目的是通过开辟渠道，将民众的意见传达给各级政府以及克里姆林宫，并最终找出解决方案。[19]库德林在众多的演讲和公开演说中明确表示，2012年的抗议活动结束之后，他给自己设定了新任务——找到与俄罗斯新兴阶层对话的方法，利用他们“巨大的建设性潜力”，并且防止俄罗斯民众的反对情绪进一步激化。

从深层次的角度来看，阿列克谢·库德林很可能故意自动退出了普京体系中“比内部成员更核心”的位置——甚至有可能是普京要求他退出——从而使他走到民众之中，做那些普京在克里姆林宫里所不能做的事情。阿列克谢·库德林和公民倡议委员会一起将自己变成了普京体系中的另一种视察官，以旁观者的身份为普京建言献策，同时还是协调普京与抗议民众的中间人。甚至在这个委员会建立之前，俄罗斯抗议活动和反对运动的成员们就已经预见到了库德林即将做的一切。他们知道库德林与普京关系密切，也看到了他在寻求民众看法时的真诚，但是他们却并不知道库德林的动机和这样做的真正目的。

然而，从表面上来看，没有任何证据显示是库德林自己主动扮演了视察官的角色。这就是问题所在了，普京一向以自己“同民众一起工作”的能力为骄傲，他怎么会对俄罗斯民众的所思所想一无所知呢？想想我们在前面提到的内容，普京怎么会对俄罗斯社会的变化视而不见，完全辜负那些专业人士的期待，罔顾他人的政治预期呢？一个可能的解释就是，普京本人并没有真正体验到俄罗斯社会中的变革。同样处于十字路口的 20 世纪 80 年代，普京正在苏联之外的德累斯顿，并没有亲身感受改革。他判断不出当前国家正处于一种什么样的情绪之中，也无法看清上世纪 80 年代苏联抗议者们示威游行的本质。而这些东西却恰恰是其他俄罗斯人判断国情的依据。

对普京来说，抗议者们就像德累斯顿市东德国家安全局总部外的暴徒，示威活动就意味着 1993 年鲍里斯·叶利钦与议会之间的暴力冲突。在德累斯顿，普京了解到一个事实，只要改革严格的独裁体系，就会出现之前不曾显山露水的一股势力，他们被赋予权力并发起抗议，引发政治局面动荡。普京回到苏联之后正是戈尔巴乔夫改革日渐式微的时候，他发现苏联正在被同样的势力所控制，国家正处在崩溃和分裂的边缘上摇摇欲坠。根据自己的个人经验，普京认为抗议者们要求政治改革这件事既没有可预见性的光明未来，又没有可掌控的可能性。正如帕夫洛夫斯基在接受《卫报》采访时所说的那样，普京害怕俄罗斯的政治改革会演变成暴力冲突，改革中失败的一方被直接射杀，或者最理想的结局——被送进西伯利亚监狱。

普京对身边的变化视而不见还有一种解释，那就是整个 2011 － 2012 年执政期间，他都陷在了自己政治宣言的幻想当中。他看到自己正沿着预设的轨道笔直地前行——一边顺利地践行着自己数年前制定的战略计划，一边对战略不断进行优化。他把俄罗斯出现的种种变化视为一种变革，而自己正是这场变革的领导者。他甚至坚持认为自己在俄罗斯民众中间拥有庞大的支持者。帕夫洛夫斯基在《卫报》的采访中还说道，2011 年的 9 月，普京公开表示了自己希望重新担任俄罗斯总统的意愿。当时帕夫洛夫斯基就认为“‘维持国家运转不需要借助任何外力，自己亲力亲为就好’——普京的这种说法正好印证了他个人化体系的思想。然而这种想法本身就是错误的，俄罗斯已经很久都没有出现过个人体系了，因此并不会为普京大开方便之门。联合执政多多少少还有些脱离个人体系的感觉。民众们对过去呆板的单一领导人形式已经深恶痛绝，但是普京却认为这个统治方式会大受欢迎。我对此感到非常惊讶。普京明明是一个非常谨慎的人，他总是直觉敏锐。”[20] 普京为什么会出现这么严重的判断失误？部分原因是他执掌俄罗斯已经超过 10 年，在 21 世纪的前 10 年中曾经做出过一些政绩，因此对自己过度自信。还有一部分原因在于，由于长期在公众面前公开作秀，他逐渐带入了自己扮演的虚假形象，已经不再依赖自己 6 个身份的力量了。

断绝与真实世界的联系会对领导力造成巨大影响。叶戈尔·盖达尔经常向人讲述自己离开总理职位时的一个插曲。当时是 1992 年 12 月，他不再是总理，而是以一个普通公民的身份走出自己办公室，走出大厅，然后走进了打开的电梯。盖达尔要到 1 楼去，但是站在电梯中等待许久，电梯却并没有向下运行。“我在里面足足站了一分钟，”盖达尔说，“一直在想究竟是什么地方出问题了，为什么电梯没有动。后来我才终于发现自己并没有按下相应楼层的按钮。之前，一直都是秘书帮我按的。”他笑着又说：“就是这件小事让我意识到了职位对于一个人的影响。”[21]

盖达尔担任总理仅仅 6 个月的时间，而弗拉基米尔·普京身为俄罗斯的最高领袖已经超过十二年了。我们并不清楚普京是否像盖达尔一样认识到了自己的问题所在，即使私下里有这种认识也是好的。然而，根据他“像本恩先生一样”的作秀表现，他似乎并没有发现自己的不妥之处。即便在瓦尔代国际辩论俱乐部——非常珍贵的与普京亲自会面的机会中，我们都发现，随着时间的推移他永远都会躲在特权和权利的面具之下，展现出越来越多的虚假形象。2007 年，我们在索契第一次看到了一个“新”普京——皮肤晒成了小麦色，身体也更加强壮。整个夏天他都在西伯利亚和自己的好友——纳哥的阿尔波特王子——一起远足。于是我们见到了赤裸上身、骑马奔腾的普京。2010 年 9 月再次在索契见到普京时，他脱下了不羁的外衣，变成了谈吐优雅的绅士——“普京穿着贴身剪裁的亚麻套服出现了，这衣服简直精致极了！他看起来非常清爽和轻松，就像刚刚做过按摩或者桑拿一样。”[22]

2011年11月，时间又过去了一年。普京出现在瓦尔代国际辩论俱乐部的会议上，身穿被《纽约时报》的艾伦·巴里称为“沙皇仪式礼服”的服装步入了举办晚宴的餐厅。“弗拉基米尔·普京总理停了下来，他目视前方，双手自然下垂。一位助手静静地取走了普京的派克外衣，很快消失不见。紧接着另一位助手迅速为他套上了一件运动夹克。这一系列动作结束以后，普京继续无声地向前走去，就好像他从来没有停下过一样。”

押上俄罗斯的未来

不需要与普京本人进行近距离接触，你就会发现，他不仅不再拥有身为“局外人”的优势，并且这种优势已经消失很久了。那个实用主义者，那个能够站在局势边缘用批判性的眼光对待俄罗斯发展的男人，已经消失不见了。普京现在变成了最核心的“当事人”，身居克里姆林宫的高墙内，处在自己创造的体系之中，自身利益得到了最周全的保护。旧秩序已经从核心开始溃烂，普京却化身为这种旧秩序的卫道者，而他自己似乎并未意识到这一点。如果俄罗斯想要依靠现行的模式继续发展壮大，那么当前的秩序以及普京的体系就需要改革、开放、增加灵活性——就像20世纪80年代苏联的秩序改革，以及其他俄罗斯历史当中需要改革的时刻一样。但是，现在的普京在效仿勃列日涅夫，而不是鲍伯科夫；效仿沙皇，而不是冯·贝根道夫和齐卓麟。

本书之前讨论的6个身份，那些曾经给予普京政治助力的元素，到2012年的时候已经变得脆弱不堪。事实上，弗拉基米尔·普京最主要的弱点就在于他无法同时身兼数职，一方面他要做局外人、情报人员、俄罗斯集团的掌控者。另一方面，他又是一个真正的中央集权论者——一个现代化国家的领导人。出现这样的局面，也许并不意外。普京首次担任俄罗斯总统之前，并没有作为公众人物的经验。这是他第一次直接承担这样艰巨而重大的责任。在此之前，他一直隐身在背后，扮演着二号人物的角色。2000 年，普京当选为俄罗斯总统，同时成为鲍里斯·叶利钦的指定继承人，克里姆林宫调动一切资源全力确保他能够正式就任。而普京本人并没有参加总统竞选。尽管普京众多身份的联合力量使他顺理成章地进入了叶利钦的团队，但是普京的个人经验以及多重身份中，并没有什么能够为他现在的全新身份提供助力。作为圣彼得堡和莫斯科的局外人，他可以以旁观者的身份观察、评论、或者最多给一些建议。在克格勃工作时，他以情报人员的身份在背后操纵他人，是“安静的契卡（全俄肃清反革命及怠工非常委员会）”。刚来到莫斯科时，他也同样是身居幕后的二号人物，负责操纵寡头集团。自 2000 年起他创建了俄罗斯集团之后，作为这个集团的操控者，普京一直在他的私人集团中独自掌控着一切。他从未在一个公开透明的场合下操纵过某个集团，从某种意义上来说，也从未真正成为俄罗斯的国家领导人。他始终认为不必对股东以及董事会中的利益相关者们坦白一切。因此他从不向俄罗斯民众解释自己以及自己的所做所为。

普京每个真实身份所秉承的方式最终都以失败告终，并且各个身份之间在关键时刻都彼此冲突。例如作为中央集权者的普京并没有建立起一个真正强大的国家。他的“垂直权力体系”很脆弱。最重要的原因是，作为俄罗斯集团的核心领导者，他所掌控的集团等同于国家本身。但是普京的集团过于个人化，并不断介入和干涉国家运转。2011 年 9 月 24 日，普京突然宣布从德米特里·梅德韦杰夫那里重新接过总统的一职。总统制是普京于 2000 年亲自创建的，具有重要的制度意义，但他的这种做法已经完全破坏了这项制度。因此从表面看起来，他已经彻底背弃了自己中央集权论者的身份。与普京及其内部圈子关系密切的人，那些拥有一定权力或者在国家机构担任一定职位的人，他们却“在其位不谋其政”，往往滥用职权，在俄罗斯内外都声名狼藉。这些滥用权力的人抹杀了普京中央集权论者的身份。结果就是，普京不得不经常引用历史，强调自己希望援引并继承诸如彼得·斯托雷平这样，前代中央集权论者的遗志。然而这些论调听上去十分空洞。越来越多的俄罗斯民众将这种话认为是普京在公共关系方面的又一场作秀。他历史的学生身份也不再是自己的真正信仰，变成了另一个伪装。

生存主义者普京和自由市场经济主义者普京冲突不断。政策方向全部都朝向了俄罗斯的生存以及国家安全——不断增加储备、防止出现最糟糕的情况，但是这种做法对俄罗斯来说代价高昂。这样不仅将资源都转移，还降低了经济效率。情报人员普京同样与自由市场经济主义者普京相冲突。作为情报人员，他通过“收取保护费”的做法控制俄罗斯寡头集团。他操纵、敲诈、打压这些人。在他的打压下，这些人无法成为真正的自由企业家。而作为自由市场经济主义者，普京对自由市场的认识仅仅来源于历史知识，并没有充足的个人经验。他知道自由市场经济优于中央计划经济，但是并不知道市场经济究竟好在哪儿，为什么具有优越性。除了自由交易之外，普京并不明白怎样才能解放经济。20 世纪 90 年代在圣彼得堡时，普京操纵市场经济的经验就颇为有限。在他统治俄罗斯的这段时期，他将自己运作以及交易的方法，还有在《彼得堡律师》中学会的实践方式都提炼到最佳水平。

普京坚持要依靠个人体系来统治俄罗斯的做法，完全与俄罗斯民众“停止滥用职权，杜绝享受特权”的需求相悖。他的体系不仅仅是滋生问题的温床，甚至还依赖这些“病灶”生存。这个体系需要任人唯亲，需要腐败和滥用特权。普京体系确确实实是一群“骗子和强盗”——这个绰号最开始是一位著名的俄罗斯反对派人士用来称呼统一俄罗斯党的，后来变得广为流传。[23] 这些问题并不是普京体系产生的副作用，正如我们之前所说，这是这个体系的本质，是普京的一种方式，专门用来控制那些帮助他运转体系的拥护者。核心人物之所以都是骗子和强盗，是因为普京的保护机制需要他们成为骗子和强盗。只有这样才能控制这些人，才能在他们准备脱身的时候提醒他们所要面临的后果。

由于上述原因，2012 年时，普京六个身份中的缺陷纷纷暴露，并不断影响着他最重要的公众形象——杰出的沙皇。杰出的沙皇会制止未经自己授意的腐败行为——前提是他发现了这些腐败现象。“只要沙皇知道了我们所经历的一切，他就会出面制止。”——这是俄罗斯农民自我麻痹时最典型的一句话。2011 — 2012 年，俄罗斯的专业人才们涌上莫斯科街头，要求普京看清俄罗斯的现代化本质，重新定义自己国家领导人的身份。他们需要的是一位可靠、能够回应公众需求的真正政治家，他们希望这位总统能够在任期结束后主动禅位，而不是擅自决定自己应当一辈子待在总统之位上。

弗拉基米尔·普京的两难境地就在于，尽管他已经成为俄罗斯总统，但是他的真实身份却使他缺少担任总统的一些素质。原本的局外人和情报人员忽然变成了领导，需要面对公众。原本克里姆林宫的执行官忽然变成了这里的主人。普京用了相当长的时间抹杀过去，改写自己的个人经历。对他来说，如此近距离地接受批判，受到民众对自己可靠性的质疑，是根本无法接受的。普京无法想象自己需要道歉或者向公众解释自己的作为，也无法迎合大众的需求来赢得支持。在他看来，民众应当祈求他领导俄罗斯。所以当成群结队的俄罗斯人走上街头抗议，向他提出要求时，他感到措手不及并且有些烦躁。愤怒的群众围攻德累斯顿的国家安全局总部的时候，弗拉基米尔·普京也站在这群人的对立面。但是他当时只是告诉总部门前的暴徒们自己是一名翻译，然后将他们遣散了。

普京六个身份中的某些元素也许仍然能够帮他完成自己最初的使命——振兴俄罗斯并保持其昌盛的国力。务实的局外人、富有技巧的情报人员，再加上开明的中央集权论者，这些身份中的某些元素都能够帮助普京找到接下来应该做的事情。这三种身份也与阿列克谢·库德林有着相同的想法：进行广泛沟通、关注特定群体、分析并解决利益相关者的抗议事件。

但是，俄罗斯民众中有一部分不再支持普京的反抗者正在逐渐发展壮大，除非普京能够找到调解的方法，否则近几年内，他的体系都会遭到这些人的反对。除非普京能够帮助自己系统内部人员制定应急战略，提高应急执行力，否则这个体系就会缺少适应的能力，并且在自然灾害和其他灾难面前也脆弱不堪。最终，所有责任都将由普京自己——并不是不负责任的官员们——一力承担。[24] 2012 年重新当选总统之后，普京一切都尽在自己掌控之中。在俄罗斯发生森林火灾和洪灾的时候，他用众多公共关系表演以及作秀活动表明自己才是俄罗斯真正不可或缺的人物。但是这个不可或缺的人，不仅需要为莫斯科的专业人士负责，也需要为广大的俄罗斯民众负责。

1999 年，俄罗斯的广大民众们几乎全部接受了普京提出的战略方案。就连那些支持市场派的人士都希望普京执政——至少他们需要一个舵手来领航，实现经济改革。在 21 世纪的前 10 年中，普京的方式及其体系都收到了良好的效果。然而无论是改革者们还是俄罗斯的普通民众，大家都没想到曾经支持的普京体系会变成一个个人体系。大家当时并没有赞成普京终身担任总统——甚至没有同意他长期担任总统。他们认为自己只是出于权宜之计，让普京暂时成为了建设现代化国家的领航者。十二年之后，他们看到了现代化国家的雏形。紧接着 2011 年的 9 月 24 日，他们才明白这需要付出怎样的代价。名存实亡的联合执政揭示了这一切。它让俄罗斯人成为了弗拉基米尔・普京的人质。

在 2012 年的总统竞选中，弗拉基米尔・普京表示，离开自己的掌控，俄罗斯将会失去稳定，失去方向。他所言非虚，的确只有他可以维持当代俄罗斯的政治平衡。因为是他为中央核心成员建立了联系，使他们各司其职，带动了国家运转。弗拉基米尔・普京已经以统一的名义统治了俄罗斯很多年。但是这种统一根本流于形式，脆弱得不堪一击。上世纪 80 年代和 90 年代苏联所面临的问题在俄罗斯始终存在，普京并没有完全解决。他只是用一些东拼西凑的俄罗斯理念将这些问题暂时压制住并掩藏了起来。从政治上来讲，苏联过去犯下的错误，始终无人承担责任。从经济上来讲，苏联残留的体制结构——荒芜地区建立的单一产业城镇——依旧没有被改变。在前所未有的石油高价期间大量建立储备金，与政治寡头与外国投资商进行交易，普京非但没有解决苏联遗留下来种种遗患，还使俄罗斯的状况进一步恶化。

如果普京没有开创自己的体系，那么俄罗斯就不可能在没有分崩离析的前提下，逐渐发展成为一个现代化，具有经济竞争力的民主化国家。他的当务之急，是消除自己之前曾经创造的联系。让封闭的俄罗斯集团与现实世界真正的俄罗斯国家融为一体。为了实现这个目的，普京必须找到新的保护方式，让那些在俄罗斯集团内部操作的人愿意走到幕前。他更大程度上应该是一个中央集权论者，而不是集团 CEO 或者黑手党头目，让俄罗斯真正回归与国家和社会利益相关的普通民众手中。俄罗斯的城市中产阶级希望告诉普京，是时候脱下伪装找寻另一个开始了，也是时候给其他人（而不是下一个普京）一个展示领导力的真正机会。

俄罗斯的新兴城镇中产阶级和其他抗议者们涌上莫斯科街头，要求国家进行开创性的变革。但是普京完全拒绝和这些抗议者面对面，他这种做法实际上表明了一种态度——我决不允许这个政权有所改变。2011 年 12 月之后，普京采取的方式是保护他过度个人化的体制，使其个人化的程度更高、进一步走向腐败的局面。“要么选我，要么选择深渊。没有其他路可走了。”——历史上任何一个时期，每一个独裁者不愿意禅位时都会发表这样的言论。

普京在和俄罗斯玩老鹰捉小鸡的游戏，他在挑战俄罗斯民众。他越是坚持自己的个人化体制是俄罗斯的唯一救赎，事情就越是棘手。他让抗议者们无路可走，只能选择要么向他的威逼利诱投降，要么用革命的手段推翻他的政权。而赌注就是俄罗斯的未来。如果那些抗议者在传达了自己的意愿之后不肯退缩的话，那么就极有可能出现混乱和分崩离析——所有的这一切，弗拉基米尔·普京都在 1999 年承诺过不会发生。俄罗斯民众的抗议给处在十字路口的俄罗斯指明了两条路：要么走入新时期，进行国家变革和政治改革，要么走入一个充满不确定性的问题时代。

大事年表

1952 年 10 月 7 日	弗拉基米尔·普京出生于苏联列宁格勒。
1953 年 3 月 5 日	苏联领袖约瑟夫·斯大林逝世。
1956 年 2 月	尼基塔·赫鲁晓夫在苏共二十大上发表了“秘密演说”。
1956 年 10 月	匈牙利暴乱。
1967 年 5 月	尤里·安德罗波夫被任命为克格勃领导人。
1964 年 10 月	赫鲁晓夫被免职，列昂尼德·勃列日涅夫成为苏共总秘书长。
1973 年 10 月	阿拉伯石油禁运。
1975 年	普京从国立列宁格勒大学以法学学士学位毕业并开始在克格勃任职。
1982 年 11 月	勃列日涅夫逝世，尤里·安德罗波夫继任。
1983 年 7 月 28 日	普京迎娶柳德米拉·什克列布涅娃。
1984 年 2 月	安德罗波夫逝世，康士坦丁·切尔年科继任克格勃领导人。
1984 年秋	普京在莫斯科的克格勃红旗研究所开始了为期一年的职业生涯。
1985 年 3 月	切尔年科逝世，米哈伊尔·戈尔巴乔夫继任克格勃领导人。

1985 年 8 月	弗拉基米尔·普京被派遣至东德德累斯顿。
1987 年 1 月	戈尔巴乔夫宣布开放、改革和民主化。
1989 年 11 月 9 日	柏林墙倒塌。
1990 年 1 月	普京从德累斯顿回到列宁格勒，成为国立列宁格勒大学副校长助理。戈尔巴乔夫宣布加盟苏联的共和国拥有从苏联中分裂出去的权利。
1990 年 5 月	阿纳托利·索布恰克成为列宁市议会主席，要求普京成为他的国际事务顾问。鲍里斯·叶利钦被选为俄罗斯最高苏维埃（议会中的上议院）的主席（发言人）。
1990 年 7 月	俄罗斯人民代表大会（议会中的下议院）通过了《俄罗斯主权宣言》
1991 年 6 月 12 日	鲍里斯·叶利钦当选为俄罗斯总统。
1991 年 6 月	索布恰克当选为圣彼得堡市长。
1991 年 8 月	普京被任命为圣彼得堡外部关系委员会的头脑。
1991 年 8 月	“八月政变”——企图推翻戈尔巴乔夫政权的尝试失败。
1991 年 8 月 24 日	乌克兰宣布独立。
1991 年 11 月	叶利钦任命叶戈尔·盖达尔为副总理。车臣从苏联分裂出去。瓦列里·佐尔金成为俄罗斯宪法法院主席。
1991 年 12 月	叶利钦和乌克兰以及白俄罗斯的领袖们签订了《别洛韦日条约》，有效地瓦解了苏联并建立起了独立国家联合体（独联体，CIS）。
1991 年冬至 1992 年	圣彼得堡食品丑闻曝光，普京也牵涉其中。
1992 年 1 月	叶利钦发起了叶戈尔·盖达尔的“休克疗法”计划。
1992 年 2 月	叶利钦总统与美国总统乔治·H·W·布什共同发表联合声明，俄罗斯和美利坚合众国不再相互敌对。
1992 年 6 月	盖达尔被任命为俄罗斯执行总理。

1992年7月	联合国与国际和平维持部队介入波斯尼亚-黑塞哥维那。
1992年11月	联合国决议要求俄罗斯撤走驻守在波罗的海地区的苏联部队。
1992年12月	维克多·切尔诺梅尔金取代盖达尔成为俄罗斯总理。
1993年3月	俄罗斯人民代表大会弹劾叶利钦失败。
1993年9月21日	叶利钦解散人民代表大会以及最高苏维埃。
1993年10月4日	叶利钦命令炮击“白宫”（俄罗斯议会大厦）瓦列里·佐尔金被迫辞去宪法法院主席一职。
1993年12月	举行议会选举，国家公投通过了新的俄罗斯宪法并开始生效，赋予总统更多的权力。
1994年2月	莫斯科和俄罗斯鞑靼斯坦共和国达成双边协议。
1994年8月	最后一支苏联/俄罗斯部队从波罗的海地区撤军。
1995年3月	第一次车臣战争爆发。
1995年8月	叶利钦签署法令启动“债转股”项目。
1995年12月	俄罗斯共产党统治新下议院（即俄罗斯国家杜马）的选举。
1996年5月	莫斯科和车臣达成停火协议。
1996年6月16日	首轮总统选举中，叶利钦没能获得足够多的选票。
1996年7月	索布恰克在圣彼得堡市长选举中失利。叶利钦在第二轮总统选举中击败根纳季·久加诺夫被重新选举为总统叶利钦任命阿纳托利·丘拜斯为幕僚长。叶利钦命令萨塔洛夫集团制定出新的“俄罗斯理念”。
1996年8月	普京前往莫斯科，被任命为克里姆林宫财政部副部长。圣彼得堡市副市长阿列克谢·库德林当选总统办公厅副主任。弗拉基米尔·波塔宁被任命为副总理。亚历山大·列别德代表莫斯科签署了协议，第一次

	车臣战争结束。
1996 年 10 月	鲍里斯·别列佐夫斯基被任命为俄罗斯安全议会的副领导人。
1996 年 11 月	普京正式注册“奥泽罗”住宅区。
1997 年 3 月	养好心脏病之后，叶利钦回归并发表了其对保持国家秩序的年度报告。库德林被任命为第一副财政总理，普京接任总统办公厅主任。
1997 年 5 月	叶利钦和车臣总统在莫斯科签署了最终和条约以及双边关系协议。
1997 年 6 月	普京进行圣彼得堡矿业学院经济系学士学位的论文答辩。
1997 年 8 月	在自己和波塔宁的关系丑闻曝光之后，阿尔弗雷德·科赫辞去领导国家私有化委员会的职务。
1997 年 11 月	科赫和其他丘拜斯团队中的成员被指控以收取“预订费”的名义收取贿赂，丘拜斯的盟友都被解除了其在政府中的职务。
1998 年 3 月	切尔诺梅尔金被解除总理职务，由谢尔盖·基里延科继任。
1998 年 5 月	普京被任命为总统行政第一副主任，处理俄罗斯区域性事务。
1998 年 7 月	普京被任命为联邦安全局（俄罗斯联邦安全局）头脑。
1998 年 8 月 17 日	俄罗斯对国家债务进行债券违约，卢布贬值。
1998 年 8 月 23 日	基里延科失去总理头衔。
1998 年 9 月	叶夫根尼·普里马科夫被任命为总理。
1999 年 5 月	普里马科夫退休，谢尔盖·斯捷帕申继任。
1999 年 8 月 2 日	车臣分裂分子入侵达吉斯坦。
1999 年 8 月 9 日	普京成为总理，取代斯捷帕申。

1999 年 8 月至 9 月	莫斯科和俄罗斯各地发生一系列炸弹爆炸事件。
1999 年 9 月 30 日	俄罗斯联邦军队进入车臣，开始第二次战争。
1999 年 12 月 19 日	在杜马选举中，名义上和普金站在一边的党派收获颇丰。
1999 年 12 月 29 日	普京发表千禧年演讲。
1999 年 12 月 31 日	鲍里斯·叶利钦从总统职位上退休，任命普京履行总统职权。
2000 年 1 月 1 日	普京发表总统令，给予叶利钦检查豁免权。
2000 年 2 月 1 日	阿纳托利·索布恰克死于心脏病。
2000 年 3 月 26 日	普京在第一轮投票中被选为俄罗斯总统。
2000 年 5 月	普京任命库德林为财政总长。
2000 年 5 月 7 日	普京参加就职典礼成为俄罗斯总统。
2000 年 5 月 13 日	普京发表法令，增加了七个联邦地区。
2000 年 7 月	普京和俄罗斯寡头集团进行电视会议。
2000 年 8 月	俄罗斯库尔斯克号潜水艇在巴伦支海沉没。
2001 年 4 月 3 日	俄罗斯天然气工业股份公司控制了独立的俄罗斯电视台 NTV。
2001 年 10 月	普京解散民族部（Ministry of Nationalities）。
2001 年 11 月	普京建立俄罗斯财政监管中心。
2001 年 12 月	普京参加第一次官方电视的电话呼叫节目“热线”。
2002 年 4 月	普京宣布“在车臣获得了军事上的胜利”并继续反抗暴动和维持和平的行动民族主义领导人列别德死于直升机事故。
2002 年 10 月 23 日	车臣恐怖分子袭击莫斯科剧院。
2003 年 2 月 24 日	瓦列里·佐尔金被重新选为宪法法院主席。
2003 年 10 月 25 日	尤科斯头目米哈伊尔·霍多尔科夫斯基在新西伯利亚被捕。

2003 年 11 月	佐治亚发生玫瑰革命。
2004 年 3 月 14 日	普京再次被选为总统，进入第二任期。
2004 年 5 月至 9 月	车臣总统艾哈迈德·卡德罗夫被暗杀，车臣恐怖分子袭击俄罗斯商用飞机以及北奥塞蒂别斯兰的小学。
2003 年冬至 2004 年	乌克兰发生橙色革命。
2005 年 4 月	吉尔吉斯斯坦爆发郁金香革命克里姆林宫资助的青年团纳什团建团大会召开。
2005 年 5 月	霍多尔科夫斯基被判处九年徒刑。
2006 年 9 月	俄罗斯社交网站“Vkontakte”上线。
2007 年 2 月	拉姆赞·卡德罗夫成为车臣总统。
2007 年 12 月 10 日	普京任命德米特里·梅德维杰夫为自己的优先继任人，发布参选总理计划。
2008 年 3 月 2 日	德米特里·梅德维杰夫在第一轮选举中被选为总统。
2008 年 5 月	梅德维杰夫参加就职典礼成为俄罗斯总统，普京被杜马任命为总理。
2008 年 8 月	俄罗斯佐治亚战争爆发。
2009 年 4 月	车臣的反暴动和维和行动宣布结束。
2010 年 8 月	俄罗斯爆发大面积野火火灾。
2010 年 12 月	阿拉伯之春开始。
2011 年 9 月 24 日	梅德维杰夫和普京宣布普京将在 2012 年重新回归总统宝座。阿列克谢·库德林后来从财政总长的职务上退休。
2011 年 5 月	俄罗斯民族阵线建立。
2011 年 12 月 4 日	俄罗斯议会选举。
2011 年 12 月 5 日	因为对选举中的舞弊进行的广泛报道，第一次抗议活动在莫斯科爆发。

2011 年 12 月	“自由选举”游行在莫斯科以及其他俄罗斯城市展开，最大的莫斯科游行有大约 12 万名抗议者。
2012 年 3 月 4 日	弗拉基米尔·普京在第一轮选举中赢得总统选举。
2012 年 4 月	弗拉基米尔·普京从统一俄罗斯党领导职位上退休。
2012 年 5 月 7 日	普京参加就职典礼，开始自己第三任期的俄罗斯总统生涯。

后　记
Epilogue

这本书是我们两人共同协作的成果。数月以来，我们共同研究并完成了这本书，事实上，自 2000 年普京成为俄罗斯国家总统以来，我们就一直以布鲁金斯研究所同事的身份共同探讨普京的政绩。书中还凝结了数年以前我们两个各自的研究成果。1987 年至 1988 年间，菲欧娜·希尔在莫斯科读书，她详细记录了米哈伊尔·戈尔巴乔夫治下苏联的状况以及他的改革开放政策带来的变化。20 世纪 90 年代，菲欧娜就职于哈佛大学，她对现代俄罗斯议题进行了深入研究，探寻了俄罗斯思想以及苏联解体之后俄罗斯的复兴问题。为了完成博士论文，同时由于在哈佛大学政府学院担任强化民主制度项目副主任的工作需求，菲欧娜采访了很多莫斯科与俄罗斯的分析家、政策制定者以及政府官员，了解了有这些人对发生在 1991 年至 1999 年之间的关键性政治发展的观点。这段时间内的一个重点事件就是车臣战争，其他发生在俄罗斯联邦内部的民族政治冲突以及莫斯科各种各样的政策性回应。这些材料中的一部分，以及随后的自 20 世纪 90 年代以来接受采访的一些人的对话，都给我们提供了基础性的信息，从而让我们能够把那些在国家认识、执政理念以及社会理想上为弗拉基米尔·普京提供帮助的因素呈现在本书中。

与此同时，克利福德·加迪还将自己大把的精力放到了 20 世纪 90 年代的材料上，从另外一个层面上，也就是经济层面上研究并且撰写了关于俄罗斯国家危机的内容。他关于外交事务的文章《俄罗斯的虚拟经济》一文以及后来出版的一本以此为书名的著作都是他和巴里·伊克斯联合完成的，描述的是普京在圣彼得堡市政府中担任职务的岁月以及在他进入莫斯科之后不得不改变的俄罗斯。

除了自己的研究之外，我们还得到了有助于我们理解普京与其他一些个人之间不同个性的灵感。具体来讲，有三点让我们觉得普京是一个具备执行力的人，他前往莫斯科是对20世纪90年代的状况作出的回应，而对这个时期，我们两人都进行了密切的研究。已逝的劳伦特·穆罗汉让我们意识到我们需要真正地理解创造出普京的情报部门的真正本质。而绝大多数的观察者们都似乎接受了普京的克格勃背景自然而然地让他仅仅成为一个苏联的遗孤，或者说不过是一个流氓而已。劳伦特认为我们应该将普京视为一个典型，他代表的是在那个情报机构中更为聪明的一类人。这是早在沙皇尼古拉斯一世就存在的第三部门（“高层警察”）的机构亚种，在后来沙皇的警备队和布尔什维克契卡身上也表现得非常明显。这些人，劳伦特说道，将自己视为被历史选中的人，注定成为俄罗斯思想的标准制定者。这是一种新的克格勃，其中的成员都将自己视为俄罗斯国家的拯救者。

关于《普京传》以及俄罗斯的发展的讨论，以及对俄罗斯记者、分析师还有官员的采访都在一年一度举办于莫斯科以及俄罗斯全国各地的瓦尔代国际辩论俱乐部的年度活动中进行。我们参加了这些活动和会议，为此书获得了大量重要的内幕消息和一手资料。

我们希望呈现的是一个真实的普京。如果这些成就了今日俄罗斯总统的身份中，有任何一个能给你们带来一些启发，那么这本书就算完成了它的使命。

注　释
Notes

CHAPTER 1

[1]. The official casualty figures can be found in Izvestiya, December 25, 1993.

[2]. See Gleb Pavlovsky, political strategist and former Kremlin adviser, interview with David Hearst and Tom Parfitt, The Guardian,`January 24, 2012.

[3]. See McFaul (2001), pp. 273 – 78.

[4]. In September 1995, for example, Nikolai Lysenko, leader of the right-wing National Republican Party, engaged in a physical confrontation with Gleb Yakunin of the Democratic Party. Several other deputies intervened, and in the ensuing fray LDPR leader Vladimir Zhirinovsky hit a female deputy.

[5]. See, for example, Alexandra Odynova, "Putin Says He' s Prepared for Runoff," Moscow Times, February 2, 2012 (EastView at http://dlib.eastview.com/browse/doc/26540808).

[6]. See McFaul (2001), pp. 279 – 82.

[7]. See David Filipov, "Russian Mogul Makes Politics His Latest Venture,"

Boston Globe, March 5, 1997.

[8]. See Bill Nichols, “Yeltsin’s Latest Firing Is Seen as Self-Preservation, Experts: He Wants Someone Who Will Protect Him, Cronies,” USA Today, August 10, 1999; David Filipov and Brian Whitmore, “Yeltsin’s ‘Family’ Is Seen behind Latest Move,” Boston Globe, August 10, 1999; Dmitri Simes, “Yeltsin’s Goal is to Protect Inner Circle,” Newsday, August 11, 1999; and Jonathan Steele, “Keeping It in the Family: In Today’s Russia, Politicians and Businessmen Are Carving up Power between Them - - And That’s How to See Yeltsin’s Latest Manoeuvers,” The Guardian, August 13, 1999.

[9]. Dmitry Rogozin—Russia’s ambassador to NATO before becoming deputy prime minister in charge of the defense industry - - has had a colorful political career of increasingly deeper nationalist hues since the 1990s. He began his political life as one of the founders in 1990 - 91 of the new Constitutional Democratic Party (Kadet party), a revival of the tsarist-era party of Pavel Milyukov, a Russian historian and leading “liberal conservative” promoting the development of a constitutional monarchy, who served in the Russian Duma of the early 1900s.

[10]. See Baker and Glasser (2005). Chapter 4, “The Takeover Will Be Televised,” deals in part with Putin’s wrangling with both Berezovsky and Gusinsky and Putin’s efforts to bring NTV and Gusinsky’s other media holdings firmly under the influence of the Kremlin (pp. 78 - 98). Chapter 14, “Twilight of the Oligarchs,” covers Putin’s showdown with Mikhail Khodorkovsky (pp. 272 - 92).

[11]. In a seminar at Harvard University’s Kennedy School of Government in 1997, not long after the Russian government concluded its series of peace agreements with Chechnya, Alexei Arbatov - - who was from 1994 to 2003 deputy chairman

of the Russian Duma defense committee and a leading figure in the Yabloko party – – stressed that no one in Russian official or military circles considered the war with Chechnya settled. He noted that "Moscow" would eventually subjugate Chechnya again. Similar comments were made by other officials in summer 1997 during meetings Fiona Hill conducted in Moscow in preparation for her 1998 Harvard Ph.D. dissertation.

[12]. See James Hughes, "Moscow's Bilateral Treaties Add to Confusion," Transition, September 20, 1996, pp. 39 – 43.

[13]. See Brown (1996), pp. 212 – 51.

[14]. In 1992, a total of $24 billion in Western assistance had been promised to Russia, but only a fraction had been delivered. See Jeffrey Sachs, "Toward Glasnost in the IMF: Russia's Democratization Policy and the International Monetary Fund," Challenge, May 1994; see also Sachs's testimony to the United States Senate Committee on Banking, Housing and Urban Affairs, February 5, 1994.

CHAPTER 2

[1]. Gessen (2012), p. 140.

[2]. Banditskiy Piterburg (Bandit St. Petersburg) is an iconic and extremely popular Russian TV series that premiered on NTV in May 2000 and was considered to sum up the entire decade of the 1990s.

[3]. See www.kommersant.ru/daily/67135.

[4]. Pavel Yevdokimov, "Russkaya pravda Generala Leonova" [The Russian truth of General Leonov], Spetsnaz Rossii (May 2001), at www.specnaz.ru:8101/gazeta/05_2001/6.html.

[5]. See Gleb Pavlovsky, political strategist and former Kremlin adviser, interview with The Guardian on January 24, 2012.

[6]. See Pipes (1974), p. 251.

[7]. In the early twentieth century, Vladimir Lenin's Bolsheviks appropriated this general idea of the intelligentsia as the elite representatives of society for themselves. They turned the Bolsheviks into "the vanguard of the proletariat."

[8]. See Milyukov (1906), pp. 560 - 61.

[9]. See White, Rose, and McAllister (1997), p. 12; and Petro (1995), p. 99.

[10]. See http://archive.kremlin.ru/text/appears/2003/11/55331.shtml.

[11]. See earlier discussion of the "Andropov levy" in the text, pp. 116 – 17.

[12]. Bobkov (1995)

[13]. Bobkov., pp. 204 – 07.

[14]. Bobkov., p. 257.

[15]. Bobkov., pp. 259 – 60.

[16]. Bobkov., pp. 267 – 68. Medvedev corroborates this story in one of his own books; see Medvedev (2006), pp. 221 – 22.

[17]. Bobkov (1995), p. 268.

[18]. See earlier references to Operation Luch, including note 8 on p. 325.

[19]. The best source for understanding the specific skills and methods of the case officer working with double agents is the book by British World War II era spy John Masterman, The Double Cross System.

[20]. Grigoriy Volchek, "Sluzhba v KGB – plyus dlya politika" [KGB Service—A plus for a politician], Zvezda (Perm'), June 15, 2000, www.nevod.ru/local/zvezda/archive.html.

[21]. www.nevod.ru/local/zvezda/archive.html.

[22]. www.nevod.ru/local/zvezda/archive.html.

[23]. Vladimir Putin, "From an Interview with the Canadian CBC and CTV Channels, the Globe and Mail Newspaper and the Russian RTR Television," December 14, 2000 (http://archive.kremlin.ru/eng/speeches/2000/12/14/0001_type82916_135565.shtml).

[24]. Gevorkyan, Timakova, and Kolesnikov (2000), p. 69.

[25]. Gevorkyan, Timakova, and Kolesnikov (2000), p. 71.

[26]. Gevorkyan, Timakova, and Kolesnikov (2000).

[27]. Blotskiy (2002), p. 263.

[28]. Blotskiy (2002), p. 264.

[29]. Gessen (2012), pp. 122 – 25.

[30]. See Yuriy Kravtsov, Viktor Novoselov, and Sergey Mironov, "Dos' ye na Putina v Sankt-Peterburge. Narkotiki, bandity, vorovstvo i KGB" [Dossier on Putin in St. Petersburg. Narcotics, bandits, theft, and the KGB], January 15, 2010, at http://rospres.com/hearsay/5833/.

[31]. Salye as cited in Gessen (2012), p. 121.

[32]. Clifford Gaddy and Barry Ickes describe the barter phenomenon and its motivations in the 1990s in Russia' s Virtual Economy (2002).

[33]. Putin' s letter is appendix 3 in the Salye report. Aven replied to Putin on February 1, 1992, and the Russian ministry of economics authorized Putin' s committee to issue licenses on March 25, 1992. By this time Putin and his associates had already issued a number of licenses. Sal' ye (2000).

[34]. Gevorkyan, Timakova, and Kolesnikov (2000), pp. 90 – 91. Also Gessen (2012), p. 122.

[35]. See Rahr (2008), pp. 88 – 89.

[36]. See Matt Bivens, "Waiting for Vladimir Putin," Moscow Times, March 4, 2000.

[37]. In March 2012, Aven ranked number 284 on the Forbes magazine's world's leading businessmen and billionaires list. He ranked number 27 among Russia's billionaire oligarchs. See www.forbes.com/profile/pyotr-aven/.

[38]. See Viktor Yushkin, Lyudi kak teni [People like shadows], Postimees (Estonia), September 20, 2007, at http://rus.postimees.ee/200907/glavnaja/mnenie/22618.php.

[39]. Rahr (2000), pp. 94 – 95.

[40]. See http://government.ru/eng/docs/3192/. The Russian version is at http://government.ru/docs/3192/.

[41]. Rahr (2000), p. 99.

[42]. Ibid., p. 102. See earlier discussion of the 1995 – 96 Russian Duma and presidential election campaigns, pp. 21 – 24.

[43]. Rahr (2000), p. 104.

[44]. Rahr (2000), pp. 105 – 06.

[45]. Rahr (2000), p. 106.

[46]. Ibid., pp. 106 – 07.

[47]. Strictly speaking, the Russian term for the call-in show is pryamaya liniya or direct line, but it is referred to by Putin’ s PR team in English as the Hot Line.

[48]. RIA Novosti staff would explicitly reinforce this point to participants before the Valdai Discussion Club meetings with Mr. Putin—noting that the meetings were “all about the questions” and challenging Putin.

[49]. See http://archive.kremlin.ru/appears/2001/12/24/0001_type82634type146434.

[50]. See Medvedev (2006), p. 135.

CHAPTER 3

[1]. See, for example, Gerschaft (October 1995), p. 2; and Kokoshin (1997), p.41.

[2]. See Reddaway and Glinski (2001).

[3]. See Shevtsova (2005).

[4]. www.ng.ru/politics/1999-12-30/4_millenium.html.

[5]. See Gaddy and Ickes, "Putin's Protection Racket," in Korhonen and Solanko (2011).

[6]. See Gaddy and Ickes, "Putin's Protection Racket," in Korhonen and Solanko (2011).

[7]. Vladimir Putin, "Vstupitel'noye slovo na vstreche s doverennymi litsamy"

[8]. For a detailed discussion see Pipes (1999).

[9]. http://archive.kremlin.ru/appears/2000/02/28/0000_type63374type63376_122120.shtml.

[10]. Gaddy and Ickes (2009). The Surkov quotes come from Tregubova

(2003),pp. 349 – 50.

[11]. Celestine Bohlen, "A. A. Sobchak Dead at 62; Mentor to Putin," New York Times, February 21, 2000.

[12]. See Leonova (2012).

[13]. "Valeriy Zor'kin," Lentapedia, February 24, 2012 (http://lenta.ru/lib/14164180/full.htm#65).

[14]. See Vladimir Medvedev, "V chem prichina 'nesostoyavshikhsya pobed'?" [What is the reason for the 'incomplete victory'?], Nezavisimaya gazeta, November 16, 1996.

[15]. The English version of the treatise is chapter 4, "In Lieu of a Conclusion: Russia's National Security and Military Power," pp. 193 – 209.

[16]. See, for example, Lebed (1995); "Lebed Sets Forth Russia's National Security Concept," Interfax, June 26, 1996.

[17]. Gerschaft (1995), p. 5.

[18]. Gennady Zyuganov, Report to Congress of the Communist Party of the Russian Federation (CPRF), April 22, 1997.

[19]. Chinyaeva (1997), pp. 40 – 46.

[20]. Cited in James Rupert, "In Search of the Russian Meaning of Life: Yeltsin Asks a Bear of a Question of His Post-Soviet Nation, Wants Answer within a Year," Washington Post, August 4, 1996.

[21]. Cited in Chinyaeva (1997), p. 46.

[22]. Maria Balynina and Lyudmila Vanina, "Satarov Presents Book on Russia in Search of an Idea," RIA Novosti, August 8, 1997; Bronwyn McLaren, Big Brains

[23]. Chubays (1996).

[24]. Putin, Millennium Message, December 29, 1999.

[25]. Chubais was the head of the presidential administration from July 1996 through March 1997 when he was appointed first deputy prime minister.

[26]. See Colton (2008).

[27]. See http://lawru.info/legal2/se14/pravo14013/index.htm LawRU.info.

[28]. The concept of the state in the poslaniye is highly instrumental.The text is also written in a very dispassionate and terse manner—reflecting the group of technocrats and economists who had drafted it.

[29]. See The Economist obituary of Anatoly Sobchak: "Anatoly Sobchak, a Flawed Reformer, Died on February 20th, Aged 62," The Economist, February 24, 2000.

[30]. See Anatoly A. Sobchak, Stetson Law Review, vol. XX (1990), pp. 211 - 16.

[31] See http://archive.kremlin.ru/text/appears/2000/01/121198.shtml.

[32]. See http://archive.kremlin.ru/text/appears/2000/01/28883.shtml.

CHAPTER 4

[1]. See Gessen (2012), pp. 55 – 56.

[2]. Gustafson (1991).

[3]. U.S. Energy Information Agency, Annual Energy Review 2010, Table 5.1b, "Petroleum Overview, 1949 – 2010," at www.eia.gov.

[4]. Leslie H. Gelb, "Who Won the Cold War?" New York Times, August 20, 1992 (accessed through Nexis.com).

[5]. See Gevorkyan, Timakova, and Kolesnikov (2000), p. 25.

[6]. The best economic history of the GDR is Steiner (2007).

[7]. Steiner (2007), p. 227.

[8]. Rahr (2008), pp. 75 – 79.

[9]. Gaddy (1996), pp. 27 and 155.

[10]. See Charap, Problems of Post-Communism (January – February 2004); and Sakwa (2009), p. 140.

[11]. Putin cited in Blotskiy (2002), p. 327.

[12]. Pavlovsky interview with The Guardian, January 24, 2012.

[13]. See Gaddy (1996), p. 72.

[14]. Gleb Pavlovsky interview with The Guardian, January 24, 2012.

[15]. International Monetary Fund, “Russian Federation Completes Early Repayment of Entire Outstanding Obligations to the IMF,” Press Release No. 05/19, January 31, 2005, at www.imf.org/external/np/sec/pr/2005/pr0519.htm.

[16]. Authors’ calculations from data from International Monetary Fund, World Economic Outlook Database, April 2012.

[17]. For details on the dependence of Russia’s economic performance on oil prices, see various articles by Clifford Gaddy and Barry Ickes.

[18]. An excellent review and analysis of the specifics of this period in St. Petersburg is Volkov (2002).

[19]. Putin address to State Duma, April 11, 2012.

[20]. See Daniel Mitchell, “Russia’s Flat Tax Miracle,” March 24, 2003, www.heritage.org/research/commentary/2003/03/russias-flat-tax-miracle; and Daniel Mitchell, “Flat Tax Is the Way of the Future,” March 20, 2006 (www.heritage.org/research/commentary/2006/03/flat-tax-is-the-way-of-the-future).

[21]. See Anders Aslund, “The President’s Turn Away from the Market,” Moscow Times, November 8, 2006 (www.iie.com/publications/opeds/oped.cfm?ResearchID=684).

[22]. David Ignatius, “Humbled Masters at Davos,” Washington Post, February 1, 2009 (www.washingtonpost.com/wp-dyn/content/article/2009/01/30/

AR2009013002726.html).

[23]. The generally underappreciated fact that Putin chose not to reverse the "loans for shares" agreements is central to the arguments by Clifford Gaddy and Barry Ickes in their work on "Putin's Protection Racket."

[24]. See http://government.ru/docs/14934/.

[25]. See Stalin, "Political Report of the Central Committee," December 18, 1925.

[26]. See Clifford Gaddy and William Gale, "Demythologizing the Russian Flat Tax," Tax Notes International 43 (March 2005), pp. 983 - 88.

CHAPTER 5

[1]. Putin press conference with Russian and foreign media, June 20, 2003.

[2]. Gaidar (2007), p. 145

[3]. Ibid., p. 187

[4]. Cited in ibid., p. 198.

[5]. Cited in ibid., p. 239.

[6]. Cited in ibid., pp. 198 – 99.

[7]. See Gessen (2012), pp. 104 – 05 and pp. 118 – 19.

[8]. Putin, meeting with heads and editors-in-chief of domestic television and radio broadcasting companies and print media, January 18, 2012.

[9]. King and Cleland (1978).

[10]. Ibid., passim.

[11]. Zen' kovich (2006), p. 130. In March 2004.

[12]. See http://dlib.eastview.com/browse/doc/3049287.

[13]. Andrey Sergeyev, “Vserossiyskaya zanachka” [The all-Russian stash], Russkiy kur’ er, No. 11, March 20, 2006.

[14] Ibid.

[15]. Puganov and Shtukin, Izvestiya, August 9, 2000.

[16]. Ibid.

[17]. Sergeyev, Russkiy kur’ er (March 20, 2006).

[18]. Authors’ calculations, based on information about the amount and types of commodities in the reserves described in Mikhail Falaleyev, “Veto na neprikosnovennyy zapas” [A veto on emergency stores], Rossiyskaya gazeta, May 19, 2006.

[19]. Yevgeniy Verlin, “Gosregulirovaniye. Aleksandr Grigor’ ev: ‘Polnykh analogov sistemy Rosrezerva v mire ne sushchestvuyet’ ” [Regulating the state. Alexander Grigoriev: “A complete analogue to the Rosrezerv system does not exist elsewhere in the world”], Profil’ , July 17, 2006.

[20]. Cited in Verlin, Profil’ .

[21]. Gaidar (2007), pp. 110 – 14.

[22]. See Gaddy and Ickes, Eurasian Geography and Economics (2010), pp.281 – 311, note 9.

[23]. See Gaddy and Ickes, The National Interest (January/February 2009).

[24]. See Gaddy and Ickes, Eurasian Geography and Economics (2010).

[25]. Putin, address to the staff of the finance ministry, April 17, 2012, at www.

newsru.com/russia/17apr2012/kudrin.html

[26]. Blotskiy, pp. 60 – 61.

[27]. See Gevorkyan, Timakova, and Kolesnikov (2000), pp. 20 – 22.

[28]. See Evangelista (2002), pp. 46 – 86.

[29]. See, for example, Evangelista (2002), pp. 63 – 86; and Shevtsova, in Putin' s Russia (2005), pp. 134 – 62; citation is from p. 134.

[30]. See Gessen (2012),pp. 199 – 226, "Rule of Terror" .

[31]. Cited in Gevorkyan, Timakova, and Kolesnikov (2000), p. 133.

[32]. Shevtsova (2005), p. 137.

[33]. Cited in Gevorkyan, Timakova, and Kolesnikov (2000), pp. 133 – 35.

[34]. For a detailed discussion of the pernicious political and social impact of ethnic Russian nationalism and extremism see Lacquer (1993).

[35]. See Alekseev, "Overcounting Russia' s Muslims: Implications for Security and Society," PONARS Eurasia Policy Memo No. 27, August 2008, atwww.gwu.edu/~ieresgwu/assets/docs/pepm_027.pdf.

[36]. See Anna Arutunyan and Lidia Okorokova, "Race Riot on Manezhnaya," Moscow News, December 13, 2010, at http://themoscownews.com/politics/20101213/188276816.html.

[37]. Nashi is the largest of a set of pro-Kremlin youth groups created in the 2000s. It was founded in 2005, shortly after the Ukrainian Orange Revolution in which student activism and student groups played an important role.

CHAPTER 6

[1]. The ideas elaborated on here were first published in Hill and Gaddy, The National Interest (January – February 2012).

[2]. See Amy Knight, “Russia’ s PropagandaMan,” NYR (blog), New York Review of Books, May 31, 2012, at www.nybooks.com/blogs/nyrblog/2012/may/31/putins-propaganda-man/.

[3]. Blotskiy (2002), p. 76.

[4]. Cited in Guy Falconbridge and Gleb Bryanski, “Putin Invokes History’ s Lions for Return to Kremlin,” Reuters, November 1, 2011.

[5]. See Malinova, Pro et Contra (May – August2011), pp. 106 – 22.

[6]. Riasanovsky (1959), p. 74.

[7]. Konstantin Azadovsky, “Russia’ s Silver Age,” in Isham (1995), pp. 79 – 90, p. 84.

[8]. Ibid., p. 89.

[9]. See Yakov Krotov, “Views of Putin’ s Priest Described,” January 8, 2002, at www.cdi.org/russia/johnson/6009-10.cfm.

[10]. See Gvosdev, Orbis (Spring 2009), pp. 347 – 59.

[11]. See http://kommersant.ru/doc/1939276.

[12]. See Ellen Barry, "Putin Aide Says Foreign Hands Are Behind Protests," New York Times, February 3, 2012.

[13]. See Fiona Hill, "Dinner with Putin: Musings on the Politics of Modernization in Russia," Brookings Foreign Policy Trip Reports, No. 18, October 2010, at www.brookings.edu/reports/2010/10_russia_putin_hill.aspx.

[14]. See the official website of the Narodnyy front at http://narodfront.ru/organization/20110606/379742791.html.

[15]. Bobkov (1995), p. 381.

[16]. Putin, Millennium Message, December 29, 1999, available in Russian on the Nezavisimaya gazeta website at www.ng.ru/politics/1999-12-30/4_millenium.html.

[17]. See, for example, "United Russia—Racing to the 2012 Elections," Nezavisimaya gazeta, in RIA Novosti: Russian Press—Behind the Headlines, October7, 2011, at http://en.ria.ru/papers/20111007/167471677.html.

[18]. See also Tom Parfitt, "Medieval warrior overcomes Stalin in poll to name greatest Russian," The Guardian, December 28, 2008, at www.guardian.co.uk/world/2008/dec/29/stalin-name-of-russia.

[19]. See Pipes (1990),pp. 170 – 71.

[20]. See Mark Galeotti, "Putin, Kudrin and the Real Stolypin," In Moscow' s Shadows (blog), January 6, 2012, at http://inmoscows shadows.

wordpress.com/2012/01/06/putin-kudrin-and-the-real-stolypin/.

[21]. See Pipes (1990), pp. 169 – 70 and pp. 177 – 78.

[22]. Pipes (2005), p. 177.

[23]. Authors' personal notes from Valdai Discussion Club meeting with Vladimir Putin at Bocharov Ruchey, the presidential dacha in Sochi, September 14, 2007.

[24]. See Pipes (1990), pp. 175 – 77.

[25]. Falkus (1972), pp. 83 – 84.

[26]. Putin address to State Duma, April 11, 2012.

[27]. Cited in Orlando Figes, "In Search of Russia," New York Review of Books, October 23, 2003.

[28]. Putin address to State Duma, April 11, 2012.

CHAPTER 7

[1]. This story is recounted in Gevorkyan, Timakova, and Kolesnikov, Otpervogo litsa (2000), pp. 9 – 10.

[2]. See Moskoff (2002), p. 196.

[3]. Putin press conference with Russian and foreign media, June 20, 2003.

[4]. Gaidar (2007), p. 145 (cited from a document produced by the Presidium of the Soviet Council of Ministers).

[5]. Ibid., p. 187 (the quotes are from Boris Gidaspov, first secretary of the Leningrad oblast Committee of the Soviet Communist Party at a Soviet politburo meeting on November 16, 1990).

[6]. Cited in ibid., p. 198.

[7]. Cited in ibid., pp. 198 – 99.

[8]. See Gessen (2012), pp. 104 – 05 and pp. 118 – 19.

[9]. Putin, meeting with heads and editors-in-chief of domestic television and

radio broadcasting companies and print media, January 18, 2012.

[10]. See box in chapter 9 for a more detailed discussion of Putin’s dissertation.

[11]. King and Cleland (1978).

[12]. Ibid., passim.

[13]. Zen’kovich (2006), p. 130. In March 2004, Gosrezerv was renamed the Russian Federal Agency for State Reserves, Rosrezerv.

[14]. Grigory Puganov and Yury Shtukin, “Zakroma Rodiny: Ne vse v Rossiiplokho lezhit” [The granary of the Motherland: not everything is in a bad condition in Russia], Izvestiya, August 9, 2000, at http://dlib.eastview.com/browse/doc/3049287.

[15]. Andrey Sergeyev, “Vserossiyskaya zanachka” [The all-Russian stash], Russkiy kur’er, No. 11, March 20, 2006.

[16]. Ibid.

[17]. Puganov and Shtukin, Izvestiya, August 9, 2000.

[18]. Ibid.

[19]. Sergeyev, Russkiy kur’er (March 20, 2006).

[20]. Authors’ calculations, based on information about the amount and types of commodities in the reserves described in Mikhail Falaleyev, “Veto na neprikosnovennyy zapas” [A veto on emergency stores], Rossiyskaya gazeta, May 19, 2006.

[21]. Cited in Verlin, Profil’ .

[22]. Gaidar (2007), pp. 110 – 14.

[23]. See Gaddy and Ickes, Eurasian Geography and Economics (2010), pp.281 – 311, note 9.

[24]. See Gaddy and Ickes, The National Interest (January/February 2009).

[25]. See Gaddy and Ickes, Eurasian Geography and Economics (2010).

[26]. Putin, address to State Duma, April 11, 2012.

[27]. Putin, address to the staff of the finance ministry, April 17, 2012, at www.newsru.com/russia/17apr2012/kudrin.html

[28]. Blotskiy (2002), pp. 59 – 62.

[29]. Blotskiy, pp. 60 – 61.

[30]. See Gevorkyan, Timakova, and Kolesnikov (2000), pp. 20 – 22.

[31]. See Evangelista (2002), pp. 46 – 86.

[32]. See Evangelista (2002), pp. 63 – 86; and Shevtsova, in Putin’ s Russia (2005), pp. 134 – 62; citation is from p. 134.

[33]. See Gessen (2012). “Rule of Terror,” pp. 199 – 226.

[34]. See “Chechnya and the North Caucasus. And They Call It Peace: Vladimir Putin’ s Presidency Began in Chechnya; the Region Is Restive as It Ends,” The Economist, February 28, 2008.

[35]. Cited in Gevorkyan, Timakova, and Kolesnikov (2000), p. 133.

[36]. Shevtsova (2005), p. 137.

[37]. Cited in Gevorkyan, Timakova, and Kolesnikov (2000), pp. 133 – 35.

[38]. For a detailed discussion of the pernicious political and social impact of ethnic Russian nationalism and extremism see Lacquer (1993).

[39]. See Paul Henze, "Circassian Resistance to Russia," in Marie Bennigsen Broxup (1992).

[40]. Authors' personal notes from meeting with journalist Oleg Kashin at the Brookings Institution, March 29, 2012.

CHAPTER 8

[1]. See p. 69 for an earlier discussion of the establishment of this entity in May 2011.

[2]. Will Englund, “Putin Booed by Russian Fight Fans, in Rare Public Show of Disapproval,” Washington Post, November 21, 2011.

[3]. Vladimir Ryzhkov, February 29, 2012, at www.mk.ru/politics/interview/2012/02/29/676987-vladimir-ryizhkov-posle-vyiborov-budet-massovoe-begstvolyudey-saharova-i-bolotnaya-uedut.html.

[4]. See “Putin Warns ‘Mistakes’ Could Bring Back ’ 90s Woes,” RFE/RL, October17, 2011, at www.rferl.org/content/putin_mistakes_could_bring_back_1990s_woes/24362626.html.

[5]. See Guy Faulconbridge and Gleb Bryanski, “Putin Invokes History’ s Lions for Return to the Kremlin,” Reuters, November 1, 2011, at www.reuters.com/article/2011/11/01/us-russia-putin-heroes-idUSTRE7A024W20111101.

[6]. See Russian journalist Mikhail Fishman’ s article, “Prokisshaya” [Turning sour], in Vedomosti, June 29, 2012.

[7]. Andrew Osborne, “Vladimir Putin Accuses Hillary Clinton of Inciting

Protests," Daily Telegraph, December 8, 2011.

[8]. See "A Conversation with Vladimir Putin," December 15, 2012, at http://government.ru/eng/docs/17409. The Russian is at http://government.ru/docs/17409/.

[9]. See "Predsedatel' Pravitel'stva Rossiyskoy Federatsii V.V. Putin vystupilv Gosudarstvennoy Dume s otchyotem o deyatel'nosti Pravitel'stva Rossiyskoy Federatsii za 2011 god" [Chairman of the Government of the Russian FederationV.V. Putin presented a report to the State Duma on the activity of the Government of the Russian Federation for the year 2011], April 11, 2012, at www.government.ru/docs/18671/.

[10]. Alexei Kudrin presentation in Washington, D.C., April 2012. Authors' discussions with members of Kremlin economic task force and leading Kremlin associated think tank director in London, May 2012.

[11]. See Christian Neef and Matthias Schepp, "The Puppet President: Medvedev's Betrayal of Russian Democracy," Der Spiegel, October 4, 2011, at www.spiegel.de/international/world/the-puppet-president-medvedev-s-betrayal-of-russiandemocracy-a-789767.html.

[12]. See John Lloyd, "Master of Nostalgia: Vladimir Putin Has Played Expertly to Russia's Emotions during His Years at the Centre of Power—but at What Cost?" Financial Times, January 28/29, 2012.

[13]. Bobkov (1995), p. 40.

[14]. Ibid., p. 284.

[15]. Bobkov notes that it was evident that "the more bans you set up, the

sharper would be the reaction of the intelligentsia. And in the end, there was no doubt that there would be some who would be prepared to break the law." Ibid., pp. 259 – 60.

[16]. Ibid., pp. 355 – 61.

[17]. Ibid., p. 213 and p. 257.

[18]. See p. 184 and note 5 on p. 306 for previous references to von Benckendorff.

[19]. See Douglas Busvine, "Russia's Kudrin Stays in the Mix with New Task Force," Reuters, April 5, 2012. See also Alexei Kudrin's official website at http://akudrin.ru/news/.

[20]. Gleb Pavlovsky interview with The Guardian, January 24, 2012.

[21]. Yegor Gaidar told this story many times in private and public. One version is related by Valeriy Zavarotnyy in "Kamikadze," Ezhednevnyy zhurnal, June 12, 2012, at www.ej.ru/?a=note&id=11847.

[22]. Clifford G. Gaddy and Fiona Hill, "Putin's Next Move in Russia: Observations from the 8th Annual Valdai International Discussion Club," December 12, 2011 (www.brookings.edu/research/interviews/2011/12/12-putin-gaddy-hill).

[23]. Russian lawyer, anti-corruption activist, and blogger Alexei Navalny first came up with this "moniker" for United Russia as a party of zhuliki i vory in Russian. Alexei Navalny's blog can be found at http://navalny.livejournal.com/.

[24]. See Masha Gessen, "A Call from the Kremlin," September 16, 2012, at http://latitude.blogs.nytimes.com/2012/09/16/a-call-from-the-kremlin/.